새 가족 새 출발 정착 양육교재

새 가족의 삶

● 인도자용 ●

새 가족 새 출발 정착 양육교재

새 가족의 삶 ● 인도자용 ●

• 초판 1쇄 발행 2016년 11월 21일

• 지은이 황일구
• 펴낸이 조유선
• 펴낸곳 누가출판사

• 등록번호 제315-2013-000030호
• 등록일자 2013. 5. 7.
• 주소 서울특별시 공항대로 637 B-102(염창동, 현대아이파크 상가)
• 전화 02-826-8802 팩스 02-6455-8805

• 정가 13,000원
• ISBN 979-11-85677-17-0 03230

새 가족 새 출발 정착 양육교재

새 가족의 삶

● 인도자용 ●

황일구 지음

출판사

누가

● 서 문 ●

잘 오셨습니다. '새 가족의 삶' 과정에 들어오신 것을 환영합니다.

'새 가족의 삶'은 총 6과정으로 되어 있으며 참가자용 1에는 1과정(하나님의
존재를 확인하라)과 2과정(인간이 피할 수 없는 세 가지 사실을 확인하라),
참가자용 2에는 3과정(천국과 지옥을 확인하라)과 4과정(의인이 되는 방법
을 확인하라), 참가자용 3에는 5과정(예수님을 믿는 방법을 확인하라)과 6
과정(구원의 목적을 확인하라)으로 구성 되어 있으며 1과정은 새신자용과 기
신자용으로 나뉘어져 있습니다. 만약 예수님에 대해 아직 믿음이 없거나 잘
모르는 새 가족이나 새신자라면 새신자용으로 공부하게 되고 이미 예수님을
믿고 있지만 구원에 대한 확신을 확인하고 싶거나 오래 교회를 떠났다가 새
롭게 시작하려는 분은 기신자용으로 공부하게 됩니다.

첫 사람인 아담은 하와와 함께 하나님이 지으신 에덴동산에서 살았습니다.
모든 것을 다 다스리도록 하나님은 허락하셨지만 에덴동산 중앙에 있는 선악
과만은 먹지 말라고 하시면서 "정녕 죽으리라"고 말씀하셨습니다. 그런데 먹
음직도 하고 보암직도 하고 또한 하나님과 같이 눈이 밝아진다는 뱀의 유혹
으로 따먹고 말았습니다. 이때 창조주이신 하나님과 분리되는 죄가 사람에게
들어왔습니다. 이것이 우리가 태어나면서부터 갖게 되는 원죄입니다. 그러나
하나님은 죄로 인해 죽을 수밖에 없는 사람들을 구원하시기 위해 죄의 대속
물로 독생자 예수 그리스도를 세상에 보내셨습니다. 우리를 원죄에서 그리고
살아가면서 짓는 모든 죄에서 용서 받을 수 있는 길을 모든 사람에게 열어 놓
으신 것입니다. 예수님은 "내가 곧 길이요 진리요 생명이니" 라고 말씀하셨
습니다. 예수 그리스도를 믿는 믿음 안에 영원한 생명이 있습니다.

'새 가족의 삶' 공부 안내

1. **목적** : 예수 그리스도가 하나님의 아들이시며 구세주이심을 믿게 하고, 구원의 확신을 갖게 한다.

2. **기간** : 6주

3. **시간** : 정해진 시간

4. **장소** : 정해진 장소

5. **등록금**: (원)

6. **재수강** : 출석미달 (무단결석 1회시)

7. **교재** : 성경, 학생용 교재

8. **과제** : 1) 성경읽기 (7장 이상)

        2) 성경 암송

9. **벌금** : 1) 결석 (원)

        2) 지각 (원)

        3) 과제 미비 (각   원)

'새 가족의 삶' 공부 진행 과정

1. 간단한 인사 (아이스브레이크)

2. 찬양 (세상에서 방황할 때 • 14 페이지)

3. 시작기도

4. 교안대로 공부 진행

    1) 답을 기록하게 한다.

    2) 줄을 긋게 한다.

    3) 질문하여 답하게 한다.

5. 말씀을 근거로 마무리기도

6. 과제 체크 및 지시

7. 질문 시간 갖기

인생에 있어서 중요한 세 종류의 만남이 있습니다. 그 만남이 누구와의 만남이느냐에 따라, 그리고 어떻게 만나느냐에 따라 인생은 행복해질 수도 있고 불행해질 수도 있습니다.

첫 번째 만남은 '부모와의 만남'입니다. 부모를 잘 만나면 정말 물질적으로 풍족하고 걱정할 것 없는 삶을 살기도 하고 반대로 부모를 잘못 만나면 태어나자마자 버림받거나 가난을 대물림 받기도 합니다. 그러나 이것은 나에게 선택권이 없는 만남일 뿐만 아니라 돌이킬 수도 없는 만남입니다.

두 번째 만남은 '배우자와의 만남'입니다. 배우자를 잘 만나면 화목하고 사랑이 넘치는 가정을 꾸릴 수 있지만 배우자를 잘못 만나면 매일매일 전쟁을 치르는 것 같은 불행한 삶을 살기도 합니다. 이것은 우리가 선택할 수도 있고 또 이혼과 재혼이라는 선택의 번복이 가능하지만 번복하더라도 당사자와 가족들에겐 씻을 수 없는 상처가 남게 됩니다.

마지막으로 세 번째 만남이 있습니다. 이 만남이 잘 이루어진다면 첫 번째, 두 번째 만남이 잘못되었더라도 내 삶에 만족과 기쁨이 회복됩니다. 잘못된 부모와의 만남, 배우자와의 만남으로 완전히 헝클어져 풀어지지 않는 엉킨 실타래 같은 삶에도 빛이 비추고 실마리를 찾게 됩니다. 내 평생의 삶이 회복될 뿐만 아니라 내가 죽은 후의 영생의 삶까지 보장받게 됩니다. 바로 '하나님과의 만남'입니다. 하나님을 인격적으로 체험으로 만나게 된 수많은 분들이 자신의 막다른 길에 다다랐던 인생에서 기적적으로 풀려나 기쁨과 평안을 회복하게 되었음을 간증하고 있습니다. 이것은 여러분 평생에 있어서, 아니 영원한 삶에 있어서 가장 중요한 만남이며 여러분의 선택 가능한 만남입니다.

이 만남은 단순히 교회에 다니게 되는 것을 의미하지 않습니다. 교회를 꼬박꼬박 다니는 크리스천들 중에도 하나님을 만나지 못해 방황하는 분들이 계십니다. 그리고 하나님을 만났지만 관계가 소홀해져 신앙생활에 기쁨이 사그라져 하나님과 다시 만나 첫사랑을 회복해야 할 분들도 계십니다. '새 가족의 삶' 과정은 여러분 인생의 가장 중요한 만남, 내 평생뿐만이 아니라 영원한 삶을 좌우하게 될 하나님과의 인격적인 만남을 순조롭게 잘 이룰 수 있도록 도와드릴 것입니다.

♩♪ 세상에서 방황할 때 ♬

1. 세상에서 방황할 때 나 주님을 몰랐네
   내 맘대로 고집하며 온갖 죄를 저질렀네
   예수여 이 죄인도 용서받을 수 있나요
   벌레만도 못한 내가 용서받을 수 있나요

2. 많은 사람 찾아와서 나의 친구가 되어도
   병든 몸과 상한 마음 위로 받지 못했다오
   예수여 이 죄인을 불쌍히 여겨 주소서
   의지할 것 없는 이 몸 위로받기 원합니다

3. 이 죄인의 애통함을 예수께서 들으셨네
   못자국난 사랑의 손 나를 어루만지셨네
   내 주여 이 죄인이 다시 눈물 흘립니다
   오 내 주여 나 이제는 아무 걱정 없습니다

4. 내 모든 죄 무거운 짐 이젠 모두 다 벗었네
   우리 주님 예수께서 나와 함께 계신다오
   오 내 주여 이 죄인이 무한 감사드립니다
   나의 몸과 영혼까지 주를 위해 바칩니다

   주를 위해 바칩니다

● 제1과정 ●

하나님의 존재를
확인하라

제1과정 하나님의 존재를 확인하라

A. 새신자용 – 하나님의 존재를 확인하라

서론

1. 하나님의 존재를 확인하라

2. 하나님께서 자신의 존재를 어떻게 나타내 보이셨습니까?

3. 하나님께서는 하나님의 존재를 부정하는 사람들에게
   무엇이라 말씀하십니까?

B. 기신자용 – 목적을 분명히 하라

서론

1. 목적을 분명히 하라

2. 왜, 목적을 분명히 해야 할까요?

부록 – 간증문

'새 가족의 삶' 반에서 하는 것은 무엇일까요?

첫째, 궁극적인 (생각)을 하게 합니다.

현대인들은 '돈을 어떻게 벌 수 있을까? 어떤 일을 하고 살까? 어떻게 하면 행복하게 살고 자녀들을 잘 키울 수 있을까?' 하는 참 많은 생각과 고민을 하며 살아갑니다. 하지만 정작 내 삶과 존재에 대한 근본적이고 궁극적인 질문을 던지는 경우는 잘 없습니다. 물론 어떻게 먹고 살지 고민하는 것도 중요하지만 바쁜 세상살이 때문에 더욱 본질적이고 궁극적인 문제에 대해서는 잘 생각하지 않게 되는 것이 사실입니다.

19세기 독일의 한 공원에서 있었던 일입니다. 공원의 관리인은 시간이 늦어서 공원 문을 닫기 위해 사람들을 내보내며 공원 순찰을 돌던 중 볼품없는 차림의 한 남자가 벤치에 앉아 멍하니 있는 것을 보게 됩니다. 그 남자가 오갈 데가 없어 공원에서 노숙하려는 가난뱅이, 거지라고 생각했던 공원 관리인은 그를 내쫓기 위해 호통을 칩니다.

"야, 이 거지야! 너 어디서 왔어? 너 뭐하는 놈이야? 썩 나가!"

하지만 공원 관리인이 그냥 공원에서 내쫓기 위해 던진 단순한 이 질문은 그에게 깊은 생각을 하게 만들었습니다. '나는 어디에서 왔지? 어디로 가지? 나는 누구지? 나는 무엇을 위해 살고 있지?' 이런 궁극적인 생각을 하게 된 것입니다. 공원 관리인이 무심코 던진 말에 깊은 생각, 궁극적인 생각을 했던 이 남자는 바로 독일의 유명한 철학자 쇼펜하우어입니다.

그렇다면 과연 당신은 어디에서 왔고, 어디로 가고 있으며, 무엇을 위해 살고 있습니까? 나는 도대체 누구이며, 과연 인생은 이 땅에서 사는 것으로 끝이 나는 것일까요? 대부분의 사람들이 이런 생각을 하게 되는 경우는 보통 죽음의 위기가 닥쳤을 때, 혹은 인생에 견디기 힘든 큰 고난이 닥쳤을 때 하게 됩니다. '새 가족의 삶' 과정은 그런 상황들이 닥치기 전에 미리 본질적이고 궁극적인 생각을 통해서 분명한 확신 속에서 참된 인생을 준비하고 살 수 있도록 여러분을 도와드릴 것입니다.

둘째, 성경의 (속맛)을 보여 줍니다.

전도하며 새 가족을 만날 때 힘든 부분이 있습니다. "예수님 믿으세요." 하면 "내 친구 중에 예수쟁이가 있는데 예수 믿어 봐야 더 악하게 살고, 친구들한테 잘못을 더 하고… 난 그 꼴 보기 싫어서 예수 안 믿을래요."라고 하거나 "내 친척 중에 예수쟁이가 있는데 부모에게 안 믿는 사람들보다 더 불효하고 형제간에 우애도 없고 자기중심적이고 이기적이기까지 한데 내가 어떻게 예수를 믿겠습니까?"라고 하며 부정적으로 말하는 사람이 있습니다.

안타깝게도 예수님을 믿는 모든 사람들이 올바르게 본을 보이며 살지는 못합니다. 만약 예수님 믿는 사람들이 모두 바르게 본이 되는 삶을 살았다면 "예수님 믿으라"고 전도하지 않아도 '예수님 한 번 믿어봐야겠다'는 생각을 하게 될 테지만 오히려 세상 사람들 보다 더 악하고 전혀 본받을 것이 없는 삶을 사는 그리스도인들 때문에 예수님과 교회에 대해 비판하고 마음을 닫아버리는 경우도 있습니다. 그러나 '새 가족의 삶' 과정을 통해서 성경의 속맛을 보고 나면 그 생각이 완전히 달라집니다. 부분적으로 드러나는 교회의 겉모습이 아닌 교회와 신앙생활의 진짜 속맛을 맛보실 수 있게 됩니다.

한 큰 과수원이 있었습니다. 사과가 한창 귀하고 비쌀 때라 사과 도둑이 기승을 부렸습니다. 그래서 과수원 주인은 길에서 보이는 쪽에서 두세 골에는 씹으면 이가 부러질 것 같은 돌사과를 심었습니다. 그랬더니 지나가던 도둑들이 "이 집은 과수원은 큰데 왜 먹지도 못하는 돌사과만 심었을까?" 하며 아무도 그 사과를 훔치지 않아 사과를 무사히 지킬 수 있었습니다. 그런데 사과가 다 익어 먹음직스럽게 주렁주렁 열려 주인이 사과를 밭떼기로 팔려고 하지만, 장사꾼들이 이 과수원의 사과를 사려고 하지 않습니다. 길에서 보니 먹지 못하는 돌사과 뿐이니 당연한 일이었습니다.
그때 주인이 장사꾼들에게 말합니다.

"장사꾼 아저씨들, 우리 사과 좀 사가세요."
"이런 먹지도 못하는 돌사과를 우리더러 사라고 하면 누가 삽니까?"
"아니, 왜 밖에서만 보고 말씀하세요? 사과밭 안쪽 깊숙이 들어와서 한 번 사과 맛 좀 보세요."

주인의 말에 장사꾼들은 과수원 안으로 깊숙이 들어갔고 탐스럽게 주렁주렁 열린 맛있는 사과를 직접 맛볼 수 있었습니다.

오늘날 매스컴을 통해 보도되는 교회의 모습은 부끄러울 정도로 비난과 비판 일색입니다. '큰 교회 목사가 횡령을 했다, 교회 장로인 기업가가 비리를 저질렀다, 집사가 사기를 쳤다……' 합니다. 하지만 이런 것은 겉모습에 불과합니다. '새 가족의 삶' 과정을 통해 성경의 속맛, 신앙생활의 참맛을 보게 된다면 왜 그들이 그렇게 사는지 알게 될 뿐만 아니라 절대 함부로 교회를 비난하고 하나님을 비판하지 않게 됩니다.

여러분이 지인에게 겨울에 구하기도 힘든 20만 원짜리 무등산 수박을 선물한다고 생각해봅시다. 그런데 만약 그 지인이 한 번도 수박이라는 과일을 본적도 없고, 먹어본 적도 없는 사람이라면 겉껍질만 혀로 핥아보고, 코로 냄새를 맡아보고, 손으로 두들겨보다가 먹지도 못하는 걸 선물로 받았다며 버릴지도 모릅니다. 하지만 수박은 쪼개봐야 빨갛게 익은 속살을 맛볼 수 있습니다. 그리고 그 달콤한 수박을 맛본다면 결코 수박을 버리지 않을 것입니다. 마찬가지로 성경의 진짜 속맛을 보게 된 사람은 절대 교회를 떠나려야 떠날 수 없고 하나님을 버리려야 버릴 수 없게 됩니다.

외부 일정을 마치고 돌아오던 중에 택시를 타게 되어 택시 운전기사 분에게 복음을 전했습니다.

"기사님도 예수님 믿고 천국 가셔야죠."
"예수에 '예'자도 꺼내지 마세요!"

택시기사는 다짜고짜 예수 믿는 것들은 다 가짜라며 고함을 쳤습니다. 이유인즉 친한 친구 중에 교회 집사가 있었는데 새벽기도도 한 번도 안 빠질 정도로 믿음생활을 열심히 했다고 합니다. 그런데 이 친구가 어느 날 급하게 전화를 해서는 3일 뒤에 갚겠으니 2천만 원만 송금해 달라고 부탁했다고 합니다. 친한 친구인데다 믿음도 좋은 친구라서 흔쾌히 2천만 원을 송금해 줬답니다.

그런데 일주일이 지나도록 연락이 없어 집으로 찾아가 봤더니 이미 친구는 도주한 상태였고 무슨 영문인지는 몰라도 그 뒤로는 행방을 전혀 알 수 없었습니다. 말 그대로 예수 믿는 친구에게 사기를 당한 것입니다. 그 때문에 이 택시기사는 예수님에 대해서 완전히 부정적인 생각을 갖게 된 것입니다.

그때 제가 물어보았습니다.

"기사님, 기사님은 생선 가게에서 생선 살 때 싱싱한 생선을 골라 사옵니까, 썩은 것을 골라 사옵니까?"

"당연히 싱싱한 생선을 골라 사오지 누가 썩은 것을 골라 사와요."

"기사님, 교회 안으로 들어와 보세요. 정말로 싱싱하고 좋은 교인들이 많은데 기사님같이 좋으신 분이 썩어빠진 그 인간 하나 때문에 예수님같이 좋은 분을 믿지 못하고 천국같이 좋은 곳을 못 가면 아저씨만 손해 보는 일 아닙니까?"

이 말을 들었던 택시 기사는 더 이상 아무 말도 하지 못했습니다.

셋째, 믿음의 (뿌리)를 심어 드립니다.

나무는 뿌리가 땅에 잘 심겨 있으면 계절에 따라 싹이 나고, 꽃이 피고, 열매가 자연스럽게 맺히게 되어 있습니다. 하지만 뿌리가 제대로 심겨 있지 않으면 열매를 기대하기는커녕 나무는 수일 내로 말라 죽고 말 것입니다.

오늘날 교회가 하는 실수 중 하나가 그런 것입니다. 새 가족이 교회에 오면, 나무로 말하면 뿌리를 심어주는 일을 해야 하는데 뿌리를 제대로 심기도 전에 열매를 얻으려고 하는 경우입니다. 새 가족은 예배드리라고 하니까 예배를 드리는 것이지 누구에게 예배를 드려야 하는지, 어떻게 예배를 드려야 하는 것인지, 왜 예배를 드려야 하는지 잘 알지 못합니다. 그런데 믿음의 뿌리가 제대로 심겨지지 않은 새 가족에게 헌금해야 한다, 매주 꼬박꼬박 예배드려야 한다, 전도해야 한다, 술과 담배는 끊어야 한다, 그렇게 열매를 요구한다면 그 새신자는 뿌리가 심기지 않은 나무처럼 점점 말라갈지도 모릅니다. 그리고 교회를 떠나게 될지도 모릅니다.

'새 가족의 삶' 공부는 여러분의 마음에 믿음의 뿌리를 심는 과정입니다. 이 과정을 통해서 믿음이 제대로 심기게 되면 굳이 "이거 해라, 저거 하면 안 된다." 요구하지 않아도 자연스럽게 생각이 바뀌고, 삶이 변하여 열매가 나타나는 기쁨을 맛보게 될 것입니다.

제1과정 | # 하나님의 존재를 확인하라

1. 하나님의 존재를 확인하라

1) 하나님의 존재에 대하여 어떻게 생각하십니까? (　)

　(1) 존재한다.　　　　　(2) 존재하지 않는다.

　(3) 존재하는 것 같기도 하고 존재하지 않는 것 같기도 하다.

　▶▶▶ 쓴 번호에 대해서 인정해 주어라. (아 ~ 그렇군요.)

2) 자신의 대답에 대한 이유에 대하여 말해 보세요.

　하나님의 존재를 믿는다면 왜 믿나요? 하나님의 존재를 믿지 않는다면

　왜 믿지 않나요?

　▶▶▶ 하나님이 존재하는 것 같기도 하고 존재 하지 않는 것 같기도 하다면 왜 그렇게 생각
　　　 하나요? → 새 가족의 대답에 긍정해 주고, 수긍해 주어라!

_____

_____

3) 하나님을 직접 보신 적이 있습니까? 아니면 하나님을 꿈에서라도 보신 적이 있습니까? (예, 아니오)

4) 하나님을 직접 보여주면 하나님의 존재를 믿겠습니까? (예, 아니오)

사람은 하나님의 존재를 믿기도 하고 믿지 못하기도 합니다. 그러나 만약에 우리가 "하나님, 당신이 진짜 신이고 진짜 살아계시다면 이곳에 나타나십시오. 그리고 우리에게 모습을 보여 주십시오."라고 기도를 하고 눈을 떴더니 하나님이 진짜로 눈앞에 나타나 "그래, 네가 지금이라도 잘 돌아왔다. 내가 나를 보여줬으니 이제 믿음생활 잘하자. 그래, 네가 지금까지는 교회 다니지 못했어도 이제 내가 체험적으로 너에게 보여주고 느끼게 했으니 열심히 믿음생활하자." 하시며 머리를 쓰다듬으시며 "천국에서 만나자." 하시고 사라졌다고 합시다.

이렇게 직접 기도해서 하나님을 만나게 된다면, 우리는 단번에 하나님을 믿고 믿음생활을 열심히 해보려고 할 것입니다. 이렇게 몇 주간 교육받을 필요 없이 한 번에 하나님이 살아계신 것을 확신할 수 있을 것입니다. 하지만 이렇게 하려니 문제가 있습니다.

5) 하나님은 (영)이시기 때문에 보여 줄 수가 없습니다.

하나님은 영이시기 때문에 보여드릴 수가 없습니다. 영이라는 말은 히브리어로는 '루아흐(Ruah)', 헬라어로는 '퓨뉴마(Pneuma)'입니다. 이 말은 우리나라 말로 번역하면 바람, 공기, 숨, 기운이라는 뜻입니다. 바람과 공기와 숨과 기운은 어디에나 있습니다. 하지만 눈에 보이진 않습니다. 이와 같이 하나님이 영이라는 말은 바람과 공기와 숨과 기운처럼 어디에나 존재하지만 우리 눈에 보이지 않는다 하는 것입니다. 그렇기 때문에 하나님을 보여드릴 수가 없는 것입니다.

6) 눈에 보이지 않는 것도 존재할 수 있을까요? (예, 아니오)

눈에 보이지 않는 것도 존재할 수 있습니다. 앞서 말했던 바람, 공기, 숨, 기운은 눈에 보이진 않지만 우리는 그것들이 존재하는 것을 알고 있습니다. 비슷한 예로 전류나 전파 역시 눈에 보이지 않지만 틀림없이 존재합니다. 마음과 생각도 마찬가지로 안 보이지만 존재합니다. 바람이 불면 바람은 보이지 않지만 머리카락은 흔들립니다. 산소도 보이지는 않지만 호흡할 때 몸속으로 들어오기 때문에 우리가 살아갑니다. 리모컨은 우리 눈엔 보이지 않는 전류를 이용해 작동합니다. 라디오 또한 우리 눈으로 볼 수 없는 공기 중의 전파를 통해 주파수를 전달해 작동합니다. 마음과 정신, 생각 역시 눈에 보이진 않지만 존재하고 있으므로 우리를 움직이게 만듭니다.

눈에 보이지 않아도 존재할 것은 존재합니다. 하나님과 같은 영적인 존재와 영적인 세계 역시 눈에 보이지는 않지만 존재합니다. 눈에 보이지 않는다고, 과학적으로 증명되지 않았다고 해서 존재하지 않는다고 결론을 내리는 것이야 말로 가장 비과학적이고 비논리적인 생각입니다. 만약 그렇다면 전파와 전류를 증명하지 못했던 중세시대에는 전파와 전류가 존재하지 않았어야 합니다. 하지만 전파와 전류는 이 우주가 만들어질 때부터 존재해 왔습니다. 그러므로 눈에 보이지 않아 우리가 가시적으로 존재를 확인할 수 없어도 존재하는 것은 존재합니다.

7) 모든 것은 가시적 존재와 불가시적 존재로 구성되어 있습니다. 가시적
   존재와 불가시적 존재 중 어느 것이 더 중요할까요?
   (불가시적 존재)

가시적 존재란, 우리 눈에 보이는 모든 물건과 물질들을 말합니다. 눈에
보이면서 존재하는 것이 가시적 존재입니다. 불가시적 존재란 마음, 정신,
바람, 공기, 전류, 전파처럼 눈에 보이지는 않지만 존재하는 것을 가리켜
말합니다.

가시적 존재와 불가시적 존재 중 어느 것이 더 중요할까요? 예를 들어 사
람이 음식은 며칠 동안 먹지 않아도 살 수 있습니다. 40일 동안 금식을 하
면서 음식을 먹지 않아도 살 수는 있지만 공기는 4분만 마시지 않으면 죽
습니다. 그러므로 눈에 보이는 음식보다 눈에 보이지 않는 공기가 더 중요
합니다. 우리 눈에 보이는 몸도 중요하지만 눈에 보이지 않는 정신과 마음
이 더 중요합니다. 왜냐하면 보이지 않는 마음과 정신이 시키는 대로 몸은
움직이기 때문입니다. "불가시적 존재가 더 중요합니다."라고 대답할 때
입이 움직이고 고개를 끄덕이지만 그것은 정신이나 마음이 지시하므로 나
타나는 행동일 뿐입니다. 고개가 스스로 끄덕거리는 것 같지만 사실은 정
신이 시키는 대로 하는 것입니다.

눈에 보이는 음식보다는 눈에 보이지 않는 공기가 훨씬 중요하듯이, 눈에
보이는 몸이나 육체보다는 눈에 보이지 않는 정신과 마음이 훨씬 중요하

듯이, 눈에 보이는 이 세상보다는 눈에 보이지 않는 저 세상이 훨씬 더 중요합니다. 그런데 사람들은 눈에 보이는 것을 더 중요하게 생각합니다. 그러나 실제로 정말 중요한 것은 눈에 보이지 않는 것들이 더 많습니다. 하나님도 마찬가지 이십니다.

8) 사람에게는 사물을 느끼고 인지할 수 있도록 다섯 가지 (감각)기관이 있습니다.

시각, 청각, 후각, 미각, 촉각 이 다섯 가지 감각기관은 하나님이 우리 인간에게 주신 것입니다. 이 다섯 가지 감각기관 중 어느 감각기관이 가장 중요한 감각기관일까요? 어떤 감각기관이 가장 정확할까요? (   )

▶▶▶ 새신자의 말을 들어주고 긍정해 주어라!

시각 : 눈을 통해 인지하는 감각 – 눈을 통해 사물의 크기와 모양, 빛깔, 멀고 가까운 정도를 인지함

한 청년이 애인이 생겨 "키는 168cm이고 코는 이렇고 눈은 이렇고 얼굴과 피부는 이렇고 성격은 이렇고 머리 스타일은 이렇고……" 하며 엄마에게 자랑을 합니다. 그래서 엄마는 아들 여자 친구에 대해서 수십 번 들었지만 듣는 것만으로는 알 수 없어 "얘야, 자랑만 하지 말고 데려와서 인사 한 번 시켜."라고 말을 합니다.
청년이 어느 날 애인을 집으로 데리고 와 엄마에게 인사를 시켰습니다. 수십 번 들어도 감이 오질 않더니 직접 보니 한 눈에 다 알 수 있었습니다. 그렇습니다. '백문이 불여일견'입니다. 사람마다 차이는 있겠지만 인간이

정보를 습득하는 것 중 70~80퍼센트는 시각에 의존합니다. 때문에 사람은 눈에 보이는 것만 믿으려고 합니다. 하지만 우리는 눈에는 보이지 않아도 존재를 인지하고 믿는 것들이 역시 많이 있습니다. 보이지 않는다고 하나님을 알 수 없는 것이 아닙니다. 눈으로 봐야만 믿는 게 아니라는 것입니다.

미각 : 맛을 보고 사물을 인지하는 감각 – 혀의 표면에 위치한 '미뢰'라는
　　　　감각기관을 통해 맛을 느낌

수건으로 눈을 가리고 설탕을 한 스푼 입에다 넣어주면 눈으로 보지 않아도 혀로 맛을 보고 대번에 설탕인줄 압니다. 아하, 눈으로 봐야만 아는 것 같은데 눈으로 보지 않고도 알 수 있고 느낄 수 있습니다. 오히려 눈으로는 맛소금인지 설탕인지 분별이 힘들지만 맛을 보면 확실히 분간할 수 있습니다.

청각 : 주파수음의 자극으로 인하여 발생하는 감각 – 어두운 산 속에서
　　　　"멍멍"짖는 소리를 듣고 개인 것을 알 수 있음

예를 들어 지리산 등반을 갔습니다. 칠흑같이 어두운 밤이라 아무것도 안 보여 텐트를 치고 일단 자기로 했습니다. 잠을 자는데 갑자기 저 밑에 마을이 있는지 "멍멍, 멍멍멍!" 개 짖는 소리가 들립니다. 밤이 어둡고 거리가 멀어 눈을 통한 시각적으로는 안 보이지만 귀를 통해서 청각적으로 "멍멍" 짖는 소리를 듣고 거기에 개가 있다는 것을 알 수 있습니다. 안 보여도 소리가 들리면 그것의 존재를 알 수 있습니다.

후각 : 코로 냄새를 인지하는 감각 – 기억과 가장 밀접한 관계를 갖는 기

관임. 밖에서 집 안으로 들어왔을 때 냄비뚜껑을 열지 않아도 청국
장 냄새를 알 수 있음.

아침도 못 먹고 바빠서 점심도 못 먹어 배가 몹시 고픈 상태에서 집에 들어
왔는데 보글보글 끓는 소리가 들리고 구수한 냄새가 코에 진동합니다. 이
때 냄비뚜껑을 열어서 시각적으로 확인하지 않아도 냄새를 코로 맡아 청
국장인 것을 알 수 있습니다. 보이지 않아도 후각으로도 알 수 있습니다.

촉각 : 사물이 피부에 닿을 때 느끼는 감각 – 날씨의 춥고 더운 것을 느끼
고 알 수 있음.

날씨가 더워지면 날씨가 빨갛게 변하거나 날씨가 추워지면 날씨가 시퍼렇
게 변하지는 않습니다. 날씨가 시각적으로는 보이지 않습니다. 날씨는 눈
으로 볼 땐 똑같습니다. 그런데 어떻게 알 수 있을까요? 피부나 촉각으로
느껴져 알 수 있으므로 긴 옷을 입거나 반팔을 입습니다. 이처럼 눈으로
보지 않아도 촉각을 통해 사물을 분별하고 인지할 수 있습니다.

이 다섯 가지 중 시각이 가장 중요할 수 있지만 다른 감각기관 만으로도 인
지는 가능합니다. 하나님의 존재도 눈으로 꼭 보지 않아도 분명히 그 존재
를 믿을 수 있습니다.

시골 할머니들을 전도하기란 정말 힘듭니다. 아무리 논리적으로 설득력
있게 지혜롭게 말씀을 전하고 복음을 전해도 "하나님 봤어? 천국 봤어? 보
여주면 나도 믿을게!"라고 합니다. 사실. 안 보고도 믿고 있는 것이 많습니
다. 이때까지 살펴봤듯이, 청각 하나만 있어도, 후각, 미각, 촉각 하나만

있어도 무엇을 느끼고 깨닫고 인지하여 존재하는 것을 믿을 수 있습니다. 그래서 눈으로는 하나님을 볼 수 없지만 다른 것을 통해서 하나님을 볼 수 있습니다.

9) 세종대왕과 이순신 장군을 직접 보지 않았지만 실존 인물로 믿는 이유 2 가지는 무엇입니까?

(1) (역사의 기록) 때문에
(2) (남겨진 유물들) 때문에

▶▶▶ 이스라엘 : 왕(다윗), 장군(모세) → 이스라엘 역사(성경 90% 동일, 세계사 등장)
한국 : 왕(세종), 장군(이순신) → 한국 역사
⇒ 우리나라 역사 인물, 행적을 믿는다면 이스라엘 역사, 행적도 인정하고 믿어야 한다.

▶▶▶ 이스라엘사람 : 다윗과 골리앗 사건과 모세 홍해 사건도 믿고 세종대왕의 한글창제와 이순신 장군의 거북선도 믿는다.
한국사람 : 세종대왕의 한글창제와 이순신 장군의 거북선을 안 보고도 믿지만 이스라엘 역사의 기록(성경)은 안 믿는다. → 모순

당신은 세종대왕과 이순신 장군을 직접 보았습니까? 아마 직접 보지는 못했을 것입니다. 그런데 당신은 그들을 어떻게 실존 인물로 믿고 있습니까? 우리가 세종대왕과 이순신 장군을 직접 보지 않고서도 실존인물이라고 믿는 이유는 무엇일까요? 바로 역사에 기록되어 있고 남겨진 유물이 있기 때문입니다. 세종대왕과 이순신 장군은 역사책에 기록되어 있을 뿐 아니라 한글과 거북선을 남겼습니다. 그래서 우리는 눈으로는 보지 못했어도 확실히 존재했다고 믿습니다.

그런데 문제가 있습니다. 각 나라 사람들은 각기 자기 나라 역사를 믿습니다. 한국 사람들은 세종대왕을 존중하고 최고의 왕이라 생각합니다. 역시 뛰어난 지도자하면 이순신 장군을 생각하며 그분의 리더십을 존경합니다. 이와 같이 이스라엘 사람들은 다윗을 최고의 왕이라 생각합니다. 그리고 뛰어난 리더십의 지도자 중에서는 모세를 최고로 꼽습니다. 다윗은 어린 소년 시절에 2미터 80센지나 되는 거인 장수 골리앗을 무너뜨렸고 모세는 홍해를 가르는 기적을 통해 이스라엘 백성들을 애굽으로부터 구출했습니다.

이스라엘의 역사책이 성경입니다. 이스라엘의 역사와 성경은 똑같이 흘러갑니다. 그런 이스라엘 사람들은 자기 역사기록을 믿을 뿐 아니라 세종대왕이 한글을 만든 것과 이순신 장군이 임진왜란 때 거북선으로 23전 23승한 것을 인정하고 믿습니다. 그런데 우리가 우리나라의 역사와 인물만 믿고 이스라엘의 역사와 인물을 믿지 않는다면 그것은 큰 모순입니다. 우리도 우리 역사를 믿을 뿐 아니라 다른 나라의 역사와 인물의 행적을 인정하고 믿어야 합니다. 자기 나라 것만 알고 인정하며 다른 나라의 역사와 인물의 행적을 부인하는 것은 어쩌면 이기적인 생각일지도 모릅니다.

10) 자신의 어머니를 친어머니로 믿는 이유 2가지는 무엇입니까?

친어머니의 뱃속에서 나올 때 친어머니의 뱃속에서 나왔는지 두 눈 똑바로 뜨고 본 사람은 없습니다. 사람들은 하나님을 눈으로 봐야 믿겠다고 말하면서도 자신이 어머니 뱃속에서 나온 것을 눈으로 보지도 않고서 어떻게 그분이 내 친어머니라고 한 치의 의심도 없이 믿을 수 있을까요? 아니, "이 사람이 내 친어머니가 맞나?"라는 질문 자체를 생각해보지 않았다고 보는 것이 더 정확할 것입니다. 생각조차 안 했다는 것은 반대로 너무나 당연하게 믿어졌다는 것입니다.

그런데 왜 믿어졌을까요? 뭔가 이유가 있지 않을까요? 여기에는 두 가지 이유가 있습니다.

(1) (사랑)을 느끼기 때문입니다.

당신의 어머니가 당신의 친어머니가 맞습니까? 태어날 때 직접 보았습니까? 보지 않았는데 어떻게 전혀 의심 없이 확고히 믿을 수 있습니까? 이것을 믿는다는 것은 무언가 분명한 이유가 있기 때문입니다. 그 이유를 이야기 해 봅시다.

새어머니는 아무리 사랑을 쏟아도 받는 당사자는 느낌으로 친어머니가 아님을 압니다. 친어머니는 아무리 구박하고 때리고, 욕을 해도 느낌으로 친어머니임을 압니다. 왜 그럴까요?

첫째, 우리는 눈으로 확인하지 않아도 마음으로 '사랑을 느끼기' 때문입니다. 어떤 사람은 닮았기 때문에 혹은 혈액형이 같아서 또는 염색체 검사를 통해 믿는다고 할 것입니다. 하지만 닮은 것만으로는 안 됩니다. 왜냐하면 가족이지만 안 닮을 수도 있고 반대로 아무 상관없는 사람이지만 닮는 경우도 있기 때문입니다. 코미디언 이주일 씨가 살아 있을 때 TV 프로그램에서 자신과 닮은 사람을 전국에서 열댓 명을 찾았다고 합니다.
DNA검사는 100퍼센트 정확합니다. 그런데 정상적인 가정에서 어머니를 친어머니로 믿는 이유가 DNA검사를 직접해보고 그 결과 때문에 믿는 사람이 과연 몇 명이나 있을까요?

친어머니는 친자식에게 "이년 저년, 이놈 저놈, 웬수, 꼴도 보기 싫다."하며 윽박지르고 혼내도 아이는 친어머니의 사랑을 느낍니다. 그런데 새어머니는 새어머니인 것을 표시 안 내고 키우려고 애를 써도 어느 순간 친어머니가 아님을 느낍니다. 어머니를 뱃속에서 나올 때 보지 못했지만 친어머니로 믿는 이유는 눈을 통한 시각으로 확인해서 믿게 되는 것이 아니라 어머니의 사랑을 느끼기 때문에 믿는 것입니다.

(2) (증인) 이 있기 때문입니다.

둘째, 증인이 있기 때문에 믿습니다. 우선 병원에서 출생확인서를 써줍니다. 그래야지 출생신고가 됩니다. 이때 출산을 담당한 의사선생님이 증인이 됩니다. 마찬가지로 내가 태어날 때 지켜봤던 아버지나 할머니가 어머니가 내 어머니라고 말함으로써 의심 없이 친어머니로 믿는 것입니다. 이처럼 직접 보지 않아도 어머니가 내 어머니임을 우리는 너무나 자연스럽게 믿고 있습니다.

11) 보이지 않지만 하나님을 믿는 이유 2가지는 무엇입니까?

(1) (사랑)을 느끼기 때문에

하나님을 믿는 이유는 첫째, 사랑을 느끼기 때문입니다. 어머니의 사랑도 위대하지만 하나님의 사랑은 그것과 비교할 수 없을 만큼 더 큽니다. 지금도 하나님과 깊은 관계에 있는 사람들은 날마다 주님의 사랑을 고백하고 노래하고 있습니다.

(2) (증인)이 있기 때문에

둘째, 증인이 있기 때문입니다. 내가 내 부모님의 친아들 딸이라는 증인은 몇 명밖에 없지만 하나님이 살아계심을 증언할 수 있는 증인은 지구촌에 20억이 넘습니다.

12) 하나님이 존재하신다는 것을 증명하기가 쉬울까요? 하나님이 존재하지 않는다는 것을 증명하기가 쉬울까요? (존재하심 증명)

▶▶▶ 대한민국에 야생 호랑이의 유무를 증명하자. 증명 : 없다 → 전 국민이 백두산에서
한라산까지 샅샅이 뒤지고 난 뒤 없다고 해야 함 → 불가능하다.
있다 → 백두산에 눈이 왔는데 호랑이 발자국이나
배설물을 발견 함→ 있다는 증거물이 됨.

▶▶▶ 하나님의 유무를 증명하자. 증명 : 없다 → 온 우주를 다 돌아다녀야하기 때문에 불가능.
있다 → 기도 응답, 체험 하나만 있어도 증명이 됨.

무엇인가를 존재하지 않는다고 증명하는 것은 매우 어렵습니다. 우리나라에 야생 호랑이가 없다는 것을 증명하려면 한라산부터 백두산까지 모든 산과 계곡, 절벽과 숲속을 모조리 하나도 빠뜨리지 않고 다 조사해서 호랑이가 있는지 없는지 확인해봐야 합니다. 하지만 반대로 야생 호랑이가 있다는 것을 증명하기란 훨씬 쉽습니다. 눈밭에 호랑이 발자국 하나, 배설물 몇 개, 털 몇 개만 있어도 우리나라에 야생 호랑이가 있다는 것을 증명할 수 있습니다.

똑같습니다. 하나님이 존재하시지 않는다는 것을 증명하기란 매우 어렵지만 하나님이 존재하신다는 것을 증명하는 것은 쉽습니다. 하나님이 없다는 것을 증명하려면 온 우주를 다 돌아다녀보고 하나님이 있는지 없는지 증명

해야 하기 때문에 불가능합니다. 하나님이 존재하신다는 것을 증명하는 일이 훨씬 쉽습니다. 기도했던 것 한두 가지 응답받은 경험, 부흥회 중에 받은 체험 몇 가지만 있어도 사람들은 하나님의 존재를 믿고 또 확신합니다.

아폴로 11호를 타고 달에 갔다 왔던 닐 암스트롱은 달 표면을 밟는 순간 "나는 살아계신 하나님을 만났다."고 고백했습니다. 그는 온 우주 은하계를 바라보며 우주가 질서와 조화를 이루며 움직이는 것이 절대로 우연히 만들어진 것이 아니라 누군가 만드신 분이 있어야만 가능하다는 것을 확신했습니다.

이와 같이 하나님이 존재하심을 증명하는 것이 존재하지 않는 것을 증명하는 것보다 훨씬 쉽습니다.

2. 하나님께서 자신의 존재를 어떻게 나타내 보이셨습니까?

1) 종교성을 (마음)에 심어 주심으로

▶▶▶ 야스퍼스 : 한계상황 → 인간은 절박한 상황에 처했을 때 하나님을 찾는다. – 죽음

로마서 1:19

이는 하나님을 알 만한 것이 그들 속에 보임이라 하나님께서 이를 그들에게 보이셨느니라

하나님께서는 모든 인간의 마음속에 하나님을 알만한 마음을 심어 놓으셨습니다. 누구나 힘들어지고 어려워지면 하나님을 찾고, 하나님을 부르며, 하나님을 의지하려는 마음을 인간의 마음속에 넣어 두셨다는 것입니다.

이것을 신학자들은 '종교성'이라고 말합니다.

종교성이란 절대자인 신을 찾고자 하는, 그리고 믿고자 하는 마음입니다. 어려울 때 의지하려는 마음으로 신을 찾는 것입니다. 그래서 하나님을 알지 못했던 옛날 조상들이 돌에도 빌고, 나무에도 빌고, 천지신명에게도 빌었던 것입니다. 벌거벗고 사는 인디언들도 부족의 주술사를 통해 종교행위를 합니다. 반대로 문명이 발달한 선진국도 반드시 종교는 있습니다. 사람 사는 곳에 종교가 없는 곳은 없습니다. 왜냐하면 하나님께서 사람들 마음속에 하나님을 찾고자 하는 마음을 넣어 두셨기 때문입니다.

유명한 철학자 야스퍼스는 인간의 한계상황에 대해서 말했습니다. 인간에게는 순간적인 한계상황이 있고 최후의 한계상황이 있다고 합니다. 순간적인 한계상황은 사고, 이혼, 부도, 질병, 퇴출과 같이 인생에 크고 작은 고난들이며 이 순간적인 한계상황에 도달하면 대부분 신을 찾게 됩니다. 그러나 더러는 순간적인 한계상황에 도달해도 신을 찾지 않는 경우가 있지만, 그들도 최후의 한계상황인 죽음에 도달하면 반드시 신을 찾게 됩니다. 아무리 신의 존재를 부정하는 사람도, 사후 세계는 없다고 주장하는 사람도 죽음 앞에서는 신을 찾게 되더라는 것입니다. 이것을 통해 우리는 하나님께서 사람의 마음속에 종교성을 주셨음을 확인 할 수 있습니다.

그러나 문제는 사람에게 종교성을 주신 창조주 하나님을 믿는 것이 아니라 자신이 만든 신을 믿는다는 것입니다.

2) 창조하신 (만물)을 통해 보여주심으로

▶▶▶ 우주, 자연만물 : 동물의 왕국, 자연의 신비 다큐멘터리 → 저절로 만들어지지 않았다.
     : 신비, 아름다움, 질서

▶▶▶ 어떤 이는 꽃 한 송이 피고 지는 것만 보고도 너무 신기하여 하나님을 믿는다.

▶▶▶ 음악엔 작곡자가, 시나 소설엔 작가가 있듯 우주만물도 만든 분이 있다. 그냥, 저절로 된 것은 없다. → 핑계하지 못함 : 끝까지 하나님이 없다 하는 자는 지옥에 가도 할 말 없다.

로마서 1:20

창세로부터 그의 보이지 아니하는 것들 곧 그의 영원하신 능력과 신성이 그가 만드신 만물에 분명히 보여 알려졌나니 그러므로 그들이 핑계하지 못할지니라

하나님께서는 세상을 창조하실 때부터 지금까지 한 번도 눈에 보이지 않았다고 성경은 말합니다. 하나님께선 영이시기 때문에 바람, 공기처럼 태초부터 지금까지 창조한 이후에 한 번도 사람의 눈에 안 보이셨습니다. 그러나 역설적이게도 우주 만물을 통해서 분명히 하나님의 존재를 보여주고 계십니다.

작품을 보면 작가를 알 수 있습니다. 시나 음악, 문학, 미술 작품을 배우면 항상 작가를 함께 배웁니다. "모가지가 길어 슬픈 짐승이여"라는 구절로 시작하는 노천명 시인의 '사슴'이라는 시가 있습니다. 그 작품을 보면 당시 작가의 심정이 어떠했는지 알 수 있습니다. 일제강점기의 암울하고 어려움을 시로 잘 표현했습니다.

이 세상도 마찬가지입니다. 세상이 돌아가는 조화를 보면 누군가 만든 사람이 있다는 것을 알 수밖에 없습니다. 우리가 내뿜는 이산화탄소를 나무는 빨아먹고 나무는 우리에게 필요한 산소를 줍니다. 비가 오지 않아 먼지가 일다가도 비가 오면 먼지가 다 쓸려 내려가고 비로 도랑물은 흙탕물이지만 빗물이 흘러간 강물과 바닷물은 깨끗합니다. 바닷물의 염류는 육지에서 흘러온 오염을 소독하고 공기 중으로 증발해 올라갔다 내려오면서 대기를 소독합니다. 이런 것들이 저절로 우연히 될 수 있을까요? 만든 자

가 있어야 합니다.

하나님께서는 로마서 1장 20절 마지막에 "그러므로 그들이 핑계하지 못할지니라"라고 분명히 말씀하셨습니다. 지성인이라면 이 드넓은 우주가 운행되는 것만 보더라도 하나님 없이 우주가 존재할 수 없음을 알 수 있습니다. 작품을 보면 작가를 알 수 있듯이 우리는 하나님께서 만드신 우주라는 작품을 통해 하나님을 볼 수 있습니다.

3. 하나님께서는 하나님의 존재를 부정하는 사람들에게 무엇이라 말씀하셨습니까? (어리석다)

시편 14:1
> 어리석은 자는 그의 마음에 이르기를 하나님이 없다 하는도다

하나님께서는 하나님의 존재를 부정하는 사람들에게 어리석다고 하십니다. 왜 그렇게 말씀하셨을까요?

두 사람이 있습니다. 한 사람은 하나님을 믿는 자로서 초등학교 밖에 안 나왔습니다. 그러다 보니 힘들게 벌어먹고 살다가 한 50년 고생하며 살다 죽어서 영원히 사는 천국에 갔습니다. 그런데 다른 한 사람은 하나님을 믿지 않았지만 박사학위가 5개나 되어 아주 똑똑하고 유식했습니다. 이 땅에서 50년 살 동안 떵떵거리면서 부유하고 명예롭게 편안히 잘 살았습니다. 하지만 하나님을 믿지 않아 영원히 꺼지지 않는 지옥불에 들어갔습니다. 한 사람은 50년은 준비 못했지만 영원한 삶을 준비했고, 한 사람은 50년은 잘 준비했지만 영원한 삶을 준비 못했다면 누가 더 똑똑한 것일까요? 그래

서 하나님께서는 하나님이 없다고 하는 사람을 어리석다고 하신 것입니다. 여러분은 과연 영원한 삶에 대해 얼마만큼 준비해 놓으셨습니까? 늦지 않았습니다. 지금부터라도 영원한 삶을 위해 준비하십시오.

암/송/말/씀

로마서 1:20

창세로부터 그의 보이지 아니하는 것들 곧 그의 영원하신 능력과 신성이 그가 만드신 만물에 분명히 보여 알려졌나니 그러므로 그들이 핑계하지 못할지니라

'새 가족의 삶' 반에서 하는 것은 무엇일까요?

첫째, 궁극적인 (생각)을 하게 합니다.

현대인들은 '돈을 어떻게 벌수 있을까? 어떤 일을 하고 살까? 어떻게 하면 행복하게 살고 자녀들을 잘 키울 수 있을까?' 하는 참 많은 생각과 고민을 하며 살아갑니다. 하지만 정작 내 삶과 존재에 대한 근본적이고 궁극적인 질문을 던지는 경우는 잘 없습니다. 물론 어떻게 먹고 살지 고민하는 것도 중요하지만 그런 바쁜 세상살이 때문에 더욱 본질적이고 궁극적인 문제에 대해서는 잘 생각하지 않게 되는 것이 사실입니다.

19세기 독일의 한 공원에서 있었던 일입니다. 공원의 관리인은 시간이 늦어서 공원 문을 닫기 위해 사람들을 내보내며 공원 순찰을 돌던 중 볼품없는 차람의 한 남자가 벤치에 앉아 멍하니 있는 것을 보게 됩니다. 그 남자가 오갈 데가 없이 공원에서 노숙하려는 가난뱅이, 거지라고 생각했던 공원 관리인은 그를 내쫓기 위해 호통을 칩니다.

"야, 이 거지야! 너 어디서 왔어? 너 뭐하는 놈이야? 썩 나가!"

하지만 공원 관리인이 그냥 공원에서 내쫓기 위해 던진 단순한 이 질문은 그에게 깊은 생각을 하게 만들었습니다. '나는 어디에서 왔지? 어디로 가지? 나는 누구지? 나는 무엇을 위해 살고 있지?' 이런 궁극적인 생각을 하게 된 것입니다. 공원 관리인이 무심코 던진 말에 깊은 생각, 궁극적인 생각을 했던 이 남자는 바로 독일의 유명한 철학자 쇼펜하우어입니다.

그렇다면 과연 당신은 어디에서 왔고, 어디로 가고 있으며, 무엇을 위해 살고 있습니까? 나는 도대체 누구이며, 과연 이 땅에서 사는 것으로 끝이나는 것일까요? 대부분의 사람들이 이런 생각을 하게 되는 경우는 보통 죽음의 위기가 닥쳤을 때, 혹은 인생에 견디기 힘든 큰 고난이 닥쳤을 때 하게 됩니다. '새 가족의 삶' 과정은 그런 상황들이 닥치기 전에 미리 본질적이고 궁극적인 생각을 통해서 분명한 확신 속에서 참된 인생을 준비하고 살 수 있도록 여러분을 도와드릴 것입니다.

둘째, 첫사랑의 (감격)을 (회복)하게 합니다.

> 그러므로 나는 할 수 있는 대로 로마에 있는 너희에게도 복음 전하기를 원하노라 _로마서 1:15

> 먼저 내가 예수 그리스도로 말미암아 너희 모든 사람에 관하여 내 하나님께 감사함은 너희 믿음이 온 세상에 전파됨이로다 _로마서 1:8

로마교회 성도들은 믿음이 좋다고 이미 온 세상에 다 전파되어 있었습니다. 그런데 이렇게 믿음 좋은 사람들에게 바울이 가서 권면이나 양육이 아닌 복음을 왜 다시 전하겠다고 했을까요?
그 이유는 첫사랑의 감격이 식어 냉랭한 마음으로 형식적인 신앙생활을 하고 있었기 때문입니다. 그래서 바울은 다시 복음을 듣고 첫사랑의 감격을 회복시키기 원했던 것입니다. 예수를 믿어도 첫사랑의 감격을 잃어버리고 종교생활하는 사람들이 많습니다. 다시 복음을 듣고 회복해야 합니다.

셋째, 복음의 (능력)을 (경험)하게 합니다.

> 내가 복음을 부끄러워하지 아니하노니 이 복음은 모든 믿는 자에게 구원을 주시는 하나님의 능력이 됨이라 먼저는 유대인에게요 그리고 헬라인에게로다 _로마서 1:16

복음에는 능력이 있습니다. 능력은 헬라어로 두나미스, 영어로 다이너마이트입니다. 다이너마이트가 건물과 바위를 폭파시키듯이 복음에는 능력이 있어서 심령을 폭파시키고 통회자복하게 하며 믿음을 갖게 합니다. 이 복음의 능력 때문에 인생이 새롭게 바뀌고 감격적인 신앙생활을 하게 됩니다. 또한 복음의 능력을 경험하게 되면 내 가족, 내 이웃 중에 믿지 않는 사람들에게 열정적으로 복음을 전하게 되고, 하나님께 귀하게 쓰임 받게 됩니다.

| 제1과정 | 목적을 분명히 하라 |

1. 목적을 분명히 하라

1) 무엇이든지 내 것이 되려면 2가지 조건을 갖추어야 합니다.

(1) (돈)을 주고 산다.　　　(2) 자신이 (만든)다.

어떤 물건이든지 소유권을 주장하려면 내가 돈을 주고 사든지, 직접 만들든지(볼펜, 안경, 핸드폰 등) 둘 중에 한 가지만 하면 됩니다.

등산을 가다 볼펜을 주웠습니다. 누군가가 잃어버린 것을 주웠을 것입니다. 땅에서 난 열매를 딴 것은 아닐 것입니다. 볼펜 한 자루도 저절로 생길 수 없고, 종이 한 장도 저절로 생길 수 없습니다. 그런데 이것보다 훨씬 더 복잡하고 완벽한 인간과 우주 만물이 저절로 생겼다고 말할 수 있을까요? 사람은 하나님이 만드셨고, 예수님의 피 값을 주고 사셨기 때문에 하나님의 것입니다.

2) 이 세상 모든 것은 (만든 자)가 있습니다. 만든 자가 없이 (저절로) 생겨 나는 것은 없습니다.

우리가 사용하고 있는 아주 작은 것 하나라도 만든 자가 있습니다. 만든 자가 없이 저절로 생긴 것은 하나도 없습니다. 일회용 종이컵이나 나무젓 가락도 분명히 만든 자가 있기 때문에 생겨난 것입니다. 하물며 사람이 만 든 자가 없이 생겨날 수는 없습니다. 사람은 저절로 생겨난 것이 아니라 하나님께서 만드셨습니다.

3) 이 세상 모든 것은 (목적)을 가지고 만들어졌습니다. (목적) 없이 만들어진 것은 아무 것도 없습니다.

우리 주변에서 흔히 볼 수 있는 볼펜, 지우개, 안경, 의자 등은 사용되어질 의도와 목적을 가지고 만들어졌습니다. 마찬가지로 사람도 하나님께서 목 적을 가지고 만드신 것입니다. 볼펜 하나도 목적을 갖고 만들었는데 만물 의 영장인 사람이 목적 없이 만들어졌을까요? 하나님께서는 인간을 만드 실 때 반드시 어디엔가 쓰시려는 목적을 가지고 만드셨습니다.

4) 만든 목적에 따라 살 때 (소중히) 여김을 받습니다. 만든 목적에 위배 된 삶을 살 때 (경히) 여김을 받습니다.

모든 물건은 만든 목적에 맞게 사용되어질 때 소중히 여김을 받습니다. 안 경이 만든 목적대로 보여 질 때 잘 관리하며 귀하게 여깁니다. 만약 안경이 깨져 잘 볼 수 없게 된다면 당장 버리게 될 것입니다. 하나님이 당신을 목적을 갖고 만드셨기 때문에 그 목적대로 쓰임 받을 수 있을 때 하나님께서 당신을 귀히 여기실 것입니다. 사람은 하나님께서 만드신 목적대로 살아야 합니다.

5) 만든 목적에 (충실)한 것이 성공입니다.

하나님께서 나를 만드신 목적을 알고 그 목적대로 사는 것이 성공입니다. 예를 들어 수조 원의 프로젝트를 가지고 수주를 따기 위해 출장비 2억을 회사에서 투자해 직원을 미국으로 출장을 보냈습니다. 막중한 임무를 갖고 미국에 갔는데 상대 회사 사람을 만나려면 아직 시간이 많이 남아 라스베이거스에서 빠징고를 하게 되었습니다. 그러다가 출장비로 받은 2억 원을 다 날렸습니다. 바이어를 만날 수 있는 돈도 없고, 한국으로 돌아갈 돈도 없어 돈을 벌어 한국으로 돌아가기 위해 식당에 취직해 주방에서 접시 닦는 일을 했습니다. 그동안 계획된 프로젝트는 이미 다른 회사에서 계약하였고 회사는 수조 원의 사업비를 날리게 되었으며 출장 갔던 사람은 한국에 들어오자마자 공금횡령으로 경찰에 체포되었습니다.

반대로 출장 가서 성실하게 바이어들을 만나면서 열심히 비즈니스를 하게 되었습니다. 그러다 출장비가 모자라 회사에 더 필요한 경비 2억 원을 요청해 회사에서는 이를 허락해 주어 사업 수주를 따내 한국으로 돌아온다면 회사의 회장부터 시작해서 많은 임직원들이 칭찬하며 반갑게 맞이할 것입니다. 휴가나 보너스 등도 지급받고 진급도 하게 될 것입니다.

사장이 출장 보낸 직원이 목적대로 일을 잘하고 돌아오면 각종 포상이 있는 것처럼 하나님께서 우리를 이 땅으로 목적을 갖고 보내셨는데 그 목적을 바로 알고 목적대로 산다면 하나님께서도 도와주시고 책임을 지실 것입니다. 하나님께서 이 땅에 보내신 목적대로 예수님은 "다 이루었다"고 말씀하셨고 바울은 "나의 달려갈 길을 다 마쳤다"고 말했습니다. 우리의 인생은 하나님께서 보내신 목적대로 살 때 진정한 행복과 보람된 인생을 살 수 있습니다.

6) 인간을 향한 하나님의 목적 두 가지가 있습니다.

(1) (구원의) 목적 → 예수 믿고 구원받는 것
(2) (인생의) 목적 → 하나님께서 나를 이 땅에 보내신 목적을 발견하는
                   것. 비전

이 두 가지 목적은 인간을 향한 가장 중요한 하나님의 (뜻)입니다.

▶▶▶ 이 두 가지 목적 중 새 가족의 삶 과정에서는 구원의 목적만 다루게 됩니다.

7) 학생이 학교 다니는 목적은 무엇일까요?

(1) 이상적 목적 – 인격도야, 진선미 추구
(2) 주목적 – (공부)
(3) 부목적 – 친구, 운동, 취미, (예절), 공동체

솔직히 현실은 이상적 목적이 중요하다고 말은 하지만 주목적에만 빠져 있기 쉽습니다. 또한 부목적도 중요하지만 주목적인 공부에 집중해야 합니다. 어느 날 한 학생이 친구 10명쯤을 집에 데리고 와서는 친구들에게 맛있는

간식거리를 달라고 합니다. 그런데 성적표를 확인해보니 반 전체 중 뒤에서 2등이라면 부모는 화부터 내겠지만 반대로 반에서, 전교에서 1~2등 이라면 아이가 예의가 없고, 이기적이고, 운동을 좀 못 해도 칭찬과 인정을 할 것입니다. 물론 부목적, 이상적인 목적을 다 갖춘다면 더 좋겠지만 일단 학생은 주목적인 공부를 잘해야 사랑받고 인정받습니다.

8) 성도들이 교회 다니는 목적은 무엇일까요? → 왜 교회 다니십니까?

(1) 주목적 – (예수 믿고) 천국 가기 위함

(2) 부목적 – 마음의 평안과 위로, (병고침), 축복, 교제, 사업의 번창

▶▶▶ 혹 부목적 때문에 교회에 왔다 할지라도 상관없다. 와서 주목적(예수 믿고 천국 감)을 이루도록 돕는다.

만약 당신이 지금 죽는다면 천국에 갈 자신이 있습니까? (　　　)

▶▶▶ 다 같이 눈을 감게 하고 손을 들게 함으로써 구언의 확신 유무를 체크해 본다.
손 들고, 안 들고에 크게 의미를 부여하지 말고 마지막 시간에 확신하게 될 것을 말하고 진행한다.

9) 성경이 기록된 목적은 무엇일까요?

(1) 주목적

① 예수님을 믿고 (생명)을 얻게 합니다.

요한복음 20:31

오직 이것을 기록함은 너희로 예수께서 하나님의 아들 그리스도이심을 믿게 하려 함이요 또 너희로 믿고 그 이름을 힘입어 생명을 얻게 하려 함이니라

▶▶▶ 이것은 요한복음이라는 성경 말씀이고, 성경을 기록한 목적은 예수님을 믿게 하여, 생명을 얻게 하려는 것이다.

② (영생) 얻었음을 알게 합니다.

요한일서 5:13

내가 하나님의 아들의 이름을 믿는 너희에게 이것을 쓰는 것은 너희로 하여금 너희에게 영생이 있음을 알게 하려 함이라

▶▶▶ 요한일서가 쓰여진 목적은 예수를 믿지만 구원의 확신이 없고 영생 얻었음을 알지 못하는 사람에게 깨닫게 하고 확신을 심어주기 위함이다.

③ (구원)의 확신을 갖게 합니다.

고린도후서 13:5

너희는 믿음 안에 있는가 너희 자신을 시험하고 너희 자신을 확증하라 예수 그리스도께서 너희 안에 계신 줄을 너희가 스스로 알지 못하느냐 그렇지 않으면 너희는 버림받은 자니라

천국이나 지옥을 가보지 않아도 구원을 확인할 수 있습니다. 교회를 아무

리 오래 다니고, 성경을 아무리 많이 읽고 공부를 해도 성경이 기록된 주 목적인 영생 얻었음을 알지 못한다면 성경을 알지 못하는 어리석은 사람이 되는 것입니다.

누가복음 19:9

예수께서 이르시되 오늘 구원이 이 집에 이르렀으니 이 사람도 아브라함의 자손임이로다

예수님을 믿는 순간 구원을 바로 얻습니다. 의심이 가고 불안해하는 사람들은 구원받지 못했을 가능성이 매우 큽니다. 고린도후서 13장 5절 뒷부분의 말씀에 "예수 그리스도께서 너희 안에 계신 줄을 너희가 스스로 알지 못하느냐 그렇지 않으면 너희는 버림 받은 자니라" 하신 것처럼 구원을 받았는지 받지 않았는지는 스스로도 알 수 있습니다.

(2) 부목적

(교훈), 책망, 바르게 함, 의로 교육함, (온전한 사람)이 되어 모든 선한 일을 행하게 합니다.

디모데후서 3:16, 17

모든 성경은 하나님의 감동으로 된 것으로 교훈과 책망과 바르게 함과 의로 교육하기에 유익하니 이는 하나님의 사람으로 온전하게 하며 모든 선한 일을 행할 능력을 갖추게 하려 함이라

성경이 기록된 목적은 구원의 확신을 알게 하기 위함이지만 모든 선한 일을 하게 하기 위해서도 기록되었습니다. 그러나 부목적이 주목적이 되어서는

안 됩니다. 주목적인 구원의 확신을 분명하게, 확실하게 알아야 합니다.

10) 인간에 대한 하나님의 목적(하나님께서 우리 인간에게 가장 원하시는 뜻)은 무엇일까요?

(1) 주목적 – 예수님을 믿고 (영생)을 얻는 것입니다.

마태복음 7:21

나더러 주여 주여 하는 자마다 다 천국에 들어갈 것이 아니요 다만 하늘에 계신 내 아버지의 뜻대로 행하는 자라야 들어가리라

요한복음 6:40

내 아버지의 뜻은 아들을 보고 믿는 자마다 영생을 얻는 이것이니 마지막 날에 내가 이를 다시 살리리라 하시니라

마태복음 18:14

이와 같이 이 작은 자 중의 하나라도 잃는 것은 하늘에 계신 너희 아버지의 뜻이 아니니라

디모데전서 2:4

하나님은 모든 사람이 구원을 받으며 진리를 아는 데에 이르기를 원하시느니라

하나님의 뜻은 모든 사람이 예수 믿고 영생을 얻는 것입니다.

(2) 부목적 - (선한 일)을 하게 하는 것입니다.

에베소서 2:10

우리는 그가 만드신 바라 그리스도 예수 안에서 선한 일을 위하여 지으심을 받은 자니 이 일은 하나님이 전에 예비하사 우리로 그 가운데서 행하게 하려 하심이니라

선한 일을 하는 것보다 더 중요한 것은 예수 믿고 영생을 얻는 것입니다. 학생이 학교 다니는 주목적인 공부를 잘해야 인정받고 사랑받는 것처럼 교회 다니는 목적, 성경이 기록된 목적, 인간에 대한 하나님의 목적은 예수 믿고 구원받고 천국 가는 것입니다. 잘하고 못하는 것은 천국에 가서 상이 크고 작음의 차이일 뿐 목적을 분명히 이루는 것은 구원을 받을 수 있느냐 없느냐의 중요한 결정이 됩니다.

2. 왜, 목적을 분명히 해야 할까요?

1) 직분을 감당하고 (능력)을 행하고도 버림받을 수 있기 때문입니다.

마태복음 7:22-23

그 날에 많은 사람이 나더러 이르되 주여 주여 우리가 주의 이름으로 선지자 노릇 하며 주의 이름으로 귀신을 쫓아내며 주의 이름으로 많은 권능을 행하지 아니하였나이까 하리니 그 때에 내가 그들에게 밝히 말하되 내가 너희를 도무지 알지 못하니 불법을 행하는 자들아 내게서 떠나가라 하리라

심판의 날에 선지자 노릇하고 많은 기적의 능력을 행한 사람들 중에서도 버림받을 사람들이 많다고 말씀하십니다.

2) 교회 생활을 하고 성도들과 함께 (　교제　)하고도 버림받을 수 있기 때문입니다. 그러므로 구원과 영생의 문제는 정확하게 점검해야 합니다.

마태복음 13:49-50

　　세상 끝에도 이러하리라 천사들이 와서 의인 중에서 악인을 갈라내어 풀무 불에 던져 넣으리니 거기서 울며 이를 갈리라

갈라내짐을 당한 사람은 의인입니까? 악인입니까? 악인(불신자)입니다. 악인(불신자)이면서 의인(신자)의 회중에 들어와 있습니다. 마찬가지로 믿음이 없으면서도 교회는 열심히 다니고 또한 교회 일도 이일 저일 열심히 많이 합니다. 그러나 마지막 심판 때는 의인 중에서 악인을 가려내서 지옥으로 던져버림을 당합니다. 그러므로 겸손한 마음으로 마음을 열고 올바르게 성경 말씀을 알고 온전한 성도가 되어야 합니다.

3) 주님의 재림을 (　준비　) 하고도 버림받을 수 있기 때문입니다.

마태복음 25:11-1

　　그 후에 남은 처녀들이 와서 이르되 주여 주여 우리에게 열어 주소서 대답하여 이르되 진실로 너희에게 이르노니 내가 너희를 알지 못하노라 하였느니라

사람들이 주님을 알았지만 주님이 모른다고 하십니다. 내가 주님을 아는 것이 아니라 주님이 나를 아는 것이 중요합니다. 당신은 대통령을 아십니까? 그럼 대통령도 당신을 아십니까? 내가 알아봐야 의미가 없습니다. 대통령이 나를 알아봐야 합니다.

여러분이 구원의 확신이 있는 것이 중요한 것이 아니라 주님이 진짜 나를 구원하시는 것이 중요합니다. 예수님을 안다고 착각하는 많은 사람들은 주님의 재림을 기다리지만 버림받을 수도 있음을 알고 겸손하게 주목적을 분명히 점검해야 합니다.

요한복음 20:31

오직 이것을 기록함은 너희로 예수께서
하나님의 아들 그리스도이심을 믿게 하려 함이요
또 너희로 믿고 그 이름을 힘입어 생명을 얻게 하려 함이니라

간 증 문

박은숙

◆◆◆

목사님께서 간증을 하라고 하셨을 때 무척 당황스럽고 떨렸습니다. 아직은 간증이란 단어조차 생소하게 느껴지는 초신자인 제가 간증을 한다는 것이 부끄럽게 느껴졌기 때문입니다. 하지만 제가 요즘 느끼고 있는 신기함과 감사함을 간증하겠습니다.

어릴 때부터 친정 엄마가 절을 다니셨기 때문에 저희 가족 모두는 자연스럽게 불교신자가 되었습니다. 절에만 다녀본 저에겐 교회는 낯설고, 교인들은 이기적이고 개인주의적인 사람들이라고 생각했습니다. 올해 초 주위 엄마의 소개로 교회 영어공부방을 알게 되어 우리 아이들을 보내게 되었습니다. 작은 딸이 영어 공부방을 다니면서 친구를 따라 합창단에서 연습도 하고 주일예배를 다녔습니다. 우리 아이의 공연을 보려고 교회도 그때 처음 가보고 딸을 교회에 데려다 주러 갔다가 주일예배도 그때 처음 경험했습니다.

그런데 목사님의 설교 말씀이 너무 재미있고 가슴에 와 닿았습니다. 사모님이 아이들 영어를 가르치시는 것도 너무 열성적이셨습니다. 조금씩 교인들에 대한 저의 선입견이 바뀌기 시작했습니다. 그래도 전 그때까지 교인이 될 생각이 전혀 없었습니다.

9월쯤 우리 큰아이 한약을 지으러 진주에 갔다가 언니 집에 들렀습니다. 언니가 전도사님과 몇 명의 사람들과 성경공부를 하고 있어 저는 깜짝 놀랐습니다. 왜냐하면 저희 친정식구들은 모두 불교신자였기 때문입니다. 어쩔 수 없이 저도 옆에서 듣게 되었는데 신기하게도 성경 말씀이 제 귀에 쏙쏙 들어왔습니다. 나중에는 제가 질문까지 하고 있었습니다. 지금 생각해 보면 그날 일은 우연이 아닌 하나님의 이끄심이었던 것 같습니다.

그날 이후 제가 자진해서 교회에 가게 되었습니다. 그리고 '새 가족의 삶' 반 공부도 하게 되었습니다. 교회에 대해 전혀 아는 것이 없던 저로서는 첫 시간부터 마지막 시간까지 정말 재미있고 의미 있는 시간들이었습니다. 목사님이 하나님을 알리시는 것이 진실하지 않으셨다면 저는 이 자리에 있지 않았을 것입니다. 마지막 시간에 예수님의 희생을 알게 되었고 하나님의 사랑을 알게 된 저와, 같이 공부하던 사람들은 주체할 수 없는 눈물을 흘렸습니다. 그리고 영접기도를 하면서도 계속 눈물이 났습니다. 그건 기쁨의 눈물이었습니다.

지금은 가정교회, 목장모임을 통해 소중한 인연들을 만나고 하나님의 사랑도 확인하고 있습니다. 얼마 전부터 제가 목장모임에서 친정엄마와 오빠가 하나님을 믿는 믿음을 가질 수 있게 해달라는 기도제목을 내놓았습니다. 정확히 3주 만에 기적이 일어났습니다. 반평생을 절에서 간부 활동을 하시면서 모든 일을 제쳐두고 절이 우선이셨던 친정엄마가 예수님을 영접하고 하나님께 기도를 드린다고 했습니다. 정말 놀랐습니다. 이렇게 빨리 하나님이 응답해 주실 줄 몰랐습니다. 엄마는 새벽기도를 드리면 그렇게 눈물이 나신다고 합니다. 엄마 자신도 그 이유를 잘 모르겠다고 하십니다. 전도사님 말씀으론 긴 시간 허송세월 보낸 억울함과 하나님을 만난 것에 대한 기쁨의 눈물이라고 하셨습니다.

하나님의 존재를 완전히 믿지 못하던 저에게 하나님이 정말 살아계시다는 것을 저에게 확실히 보여주시는 것 같아 가슴 벅차고 기쁘고 감사했습니다. 하나님을 알게 하고 예수님을 영접할 수 있도록 도와주신 담임목사님께 진심으로 감사드립니다. 그리고 교회에 처음 오신 분들도, 아직 '새 가족의 삶' 공부를 하지 않으신 분들도, 망설이지 마시고 '새 가족의 삶' 과정을 통해 예수님을 영접하고 저처럼 기적과도 같은 경험을 해보시기 바랍니다. 제게 구원의 기쁨을 주신 하나님께 찬양과 영광을 올립니다.

● 제2과정 ●

인간이 피할 수 없는
세 가지 사실을
확인하라

제2과정 인간이 피할 수 없는 세 가지 사실을 확인하라

서론

1. 모든 사람은 죄인입니다
2. 모든 사람은 다 죽습니다
3. 모든 사람은 다 심판을 받습니다

부록 – 간증문

인간은 누구나 인생이라는 여정을 시작하면서 반드시 죽음이라고 하는 종점에 도달하게 되어 있습니다. 한 번 인생을 시작하면 한 번은 죽게 되어 있는 것입니다. 그런데 그 죽음이라는 종점에는 그 누구도 함께 내려주지 않습니다. 나 혼자 내려야 합니다. 그 죽음의 정거장에 도달하지 않도록 나를 막아 줄 사람은 아무도 없습니다. 돈도, 의사도, 부모도, 자식도, 죽음으로 내려가는 내 인생길을 막아 줄 수 없습니다.

크게 성공한 한 젊은 CEO가 갑자기 몸이 아파 병원에 가보니 그만 석 달의 시한부 선고를 받고 말았습니다. 젊은 CEO는 의사 앞에 무릎을 꿇고 말합니다.

"내 재산의 600억을 드릴 테니 나를 좀 살려주십시오."

절규하며 외쳤지만 그는 석 달이 되기 직전에 이 땅을 떠나고 말았습니다.

죽음을 피할 수 있는 사람은 이 세상에 아무도 없습니다. 또 대부분의 사람은 죽음을 두려워합니다. 죽음을 맛보지 않기 위해서, 죽음을 피하기 위해서 이런저런 갖가지 노력을 하지만 단지 죽음을 조금 뒤로 미룰 뿐 죽지 않을 수는 없었습니다. 100세 인생을 산다고 하니 길면 100년은 살겠지만 그 뒤엔 누구나 다 죽습니다. 그리고 그 죽음 뒤엔 영원한 삶이 있다고 성경은 기록하고 있습니다. 과연 인간이 피할 수 없는 죽음 이후에 영원한 삶이 있다면 그 죽음을 직면하기 전에 우리는 무엇을 준비해야 할까요?

제2과정 | 인간이 피할 수 없는 세 가지 사실을 확인하라

(예외가 될 수 없는) (반드시 거쳐야 하는)

▶▶▶ "인간이 피할 수 없는 세 가지 사실을 확인하라"에서 피할 수 없는 밑에 줄을 치시고, 괄호 안에 '예외가 될 수 없는' '반드시 거쳐야 하는'을 쓰십시오.

1. 모든 사람은 죄인입니다

1) 당신은 죄인입니까? 의인입니까? (죄인)

죄인이라고 하려니 아닌 것 같기도 하고, 의인이라고 하려니 왠지 자신이 없습니다.

로마서 3:10
기록된 바 의인은 없나니 하나도 없으며

2) (죄)는 협의적 의미와 광의적 의미로 정의할 수 있습니다.

협의적 의미란 좁은 의미를 말하고 광의적 의미는 넓은 의미를 말합니다. 협의적 의미의 죄는 행동으로 직접 짓는 죄를 말합니다. 예수님께서 이 땅에 오시기 전인 구약시대에는 행동으로 사람을 죽여야지만 살인죄가 인정됩니다. 이렇게 직접 행동으로 누군가를 죽이고 누군가에게 문란한 행동을 하는 것이 협의적 의미의 죄입니다. 광의적 의미의 죄는 생각으로나 마음으로 짓는 죄까지를 포함합니다. 신약시대에서는 예수님이 형제를 미워하는 것도 살인이라고 하셨습니다. 그리고 여자를 보고 음욕을 품는 자마다 음행한 자라고 하셨습니다. 그러니 협의적 의미의 죄만 말한다면 세상사람들이 말하는 죄처럼 행동으로 저질러야 죄가 되겠지만 예수님이 말씀하는 광의적 의미에서는 마음으로나 생각으로 지은 것도 죄가 되는 것입니다. 마음이나 생각으로 지은 죄까지 포함한다면 죄를 한 번도 안 지은 사람이 없고 안 지을 사람도 없을 것입니다.

3) 광의적 의미로 정의할 때 당신은 죄인입니까? 의인입니까? (죄인)

앞서 말했듯이 생각한 것만으로도 죄가 된다면 누군가를 조금이라도 미워하고 질투하고 시기하는 것도 죄가 되고, 이성을 보고 마음으 음욕을 품기만 해도 음행한 것과 마찬가지가 됩니다. 그렇다면 죄가 없다고 떳떳해 할 수 있는 사람은 사실상 이 세상에 한 사람도 없을 것입니다.

4) 하나님께서는 모든 사람에 대해 무엇이라고 말씀하십니까?

(모든 사람은 죄인입니다.)

로마서 3:23

모든 사람이 죄를 범하였으매 하나님의 영광에 이르지 못하더니

5) 만일 죄 지은 것이 없다고 주장하거나 죄인이 아니라고 하는 사람들을 향해 하나님께서는 무엇이라고 말씀하셨습니까?

(스스로 속이고 진리가 우리 속에 없다)

요한일서 1:8

만일 우리가 죄가 없다고 말하면 스스로 속이고 또 진리가 우리 속에 있지 아니할 것이요

어떤 사람이 "나는 죄인이 아니다, 나는 죄를 안 지었다." 하면 그 사람은 이미 스스로를 속이는 것입니다. "나는 죄를 하나도 안 지었다." 하는 그 말자체가 거짓말입니다. 그 말만으로도 거짓말한 죄인이 되는 것입니다. 그러므로 인간이 피할 수 없는 사실, 인간에게 예외가 될 수 없는 사실, 인간이라면 반드시 거치게 되는 사실 첫 번째, 그것은 모든 사람은 다 '죄인'이라는 것입니다.

6) 수많은 죄의 종류 중에서 가장 큰 죄는 무엇일까요?(예수님을 믿지 않음)

요한복음 16:9

죄에 대하여라 함은 그들이 나를 믿지 아니함이요

대부분의 사람들은 자신이 당해 보거나 뉴스를 통해 접한 사기, 살인, 도둑이나 강도당했던 것 등을 큰 죄라고 생각하지만 하나님께선 성경을 통해 하나님, 예수님을 믿지 않는 불신 죄가 가장 큰 죄라고 말씀하십니다. 당신이 알든 모르든 예수님께서 당신이 태어나서 죽을 때까지 지은 모든 죄를 대신 지시고 죽으셨습니다. 이 사실을 자신과 상관없다고 여기고 그 은혜를 외면하는 것이 가장 큰 죄인 것입니다.

죄를 안 지은 사람도 없고, 죄를 안 지을 사람도 없습니다.
그러므로 모든 사람은 다 (죄인)이고, 바로 당신도 (죄인)입니다.

오늘 하루도, 지금 이 곳에 오기 전까지 우리는 말이나 행동으로 혹은 생각으로, 마음으로, 죄를 지었고 앞으로도 계속해서 죄를 지을 것입니다.

2. 모든 사람은 다 죽습니다

1) 당신은 몇 살 정도까지 살다가 죽고 싶습니까? (   )

2) 몇 살을 살고 싶든, 몇 살을 살든 사람은 반드시 한 번은 (죽게) 되어 있습니다.

히브리서 9:27
　　한번 죽는 것은 사람에게 정해진 것이요 그 후에는 심판이 있으리니

진시황제가 황제가 되어 행복하게 부귀영화를 누리고는 있었지만 외적이 자주 침략을 해 불안합니다. 그래서 세계 7대 불가사의 중에 하나인 만리 장성을 쌓았습니다. 그런데 진시황제가 나이가 들어가면서 '내가 늙어 죽는구나!' 하는 생각이 들어 대신들을 불러 "내가 어떻게 하면 안 늙고, 안 죽을 수 있겠냐"고 묻습니다. 아첨하는 간신배들은 불노불사의 명약이라며 있지도 않은 불로초를 캐어오도록 병사들을 시켜 황제의 환심을 삽니다. 하지만 50세도 못 살고 진시황제는 죽었습니다. 진시황제만 죽은 게 아니고 징기스칸, 나폴레옹, 알렉산더, 정주영, 이병철, 김일성, 김정일, 박정희… 한때 세계를 호령하고 시대를 풍미했던 사람들도 평범한 사람들과 마찬가지로 다 죽었습니다. 사람은 누구나 반드시 한 번은 죽게 되어 있습니다.

실제 있었던 간증입니다. 죽음의 선을 넘어갔다 살아 돌아온 사람이 있었습니다. 한 젊은 부인이 사고로 의식을 잃고 기절했다가 죽음을 맛보게 되었습니다. 가까스로 다시 의식이 깨어 귀에 소리가 들리고 눈이 떠지는 그 찰나에 자기 귀에 열 번쯤 들리는 소리가 있었다고 합니다. 가끔 교회에 따라 갔을 때 설교 중에 목사님께서 하셨던 "올 때는 순서가 있지만 갈 때는 순서가 없습니다." 하는 말이 들리더라는 것입니다. 설교시간에 들을 때는 "죽음을 준비해야 한다.", "예수님을 믿어야 된다."하는 말이 불쾌했고 '삼십 대 초반의 새댁인 내가 죽긴 왜 죽어? 젊은데.' 했었답니다. 그런

데 죽음에서 의식이 깨어나는 순간 오늘 죽을지 내일 죽을지 모른다는 것을 깨닫고 올 때는 순서가 있지만 갈 때는 순서가 없다는 말이 진짜라는 것을 몸소 확인하게 된 것입니다.

3) 죽음이란 어떻게 정의할 수 있습니까? (영혼)과 (육신)의 분리입니다.

창세기 2:7

여호와 하나님이 땅의 흙으로 사람을 지으시고 생기를 그 코에 불어넣으시니 사람이 생령이 되니라

전도서 12:7

흙은 여전히 땅으로 돌아가고 영은 그것을 주신 하나님께로 돌아가기 전에 기억하라

창세기 2장 7절 말씀의 '흙', '생기', '생령'에 동그라미, 전도서 12장 7절 말씀의 '흙', '영'에 동그라미, '돌아가고'와 '돌아가기'에 줄을 긋고 '기억하라'에 네모 하십시오.

죽음의 정의는 영혼과 육신의 분리입니다. 창세기 2장 7절 "여호와 하나님이 흙으로 사람을 지으시고 생기를 그 코에 불어넣으시니 사람이 생령이 된지라"고 했습니다. 땅에 있는 흙으로 사람을 지으시고 코에 생기를 불어넣으니 사람이 생령이 된 것입니다. 인간의 구성요소는 '흙 + 생기'라는 것입니다. 하나님이 만드신 첫 번째 사람 아담은 히브리어로 '아다마'라고 하는데 아다마는 '인간'이란 뜻도 되지만 '흙'이라는 뜻도 됩니다. 그 아담이 범죄 했

을 때 창세기 3장 19절에 "너는 흙이니 흙으로 돌아갈 것이라 네가 흙에서 취함을 입었음이라"라고 했습니다. 흙으로 지었으니 흙으로 돌아가라는 것입니다.

경주 천마총에 열어놓은 왕의 무덤을 살펴보면 왕이 썼던 왕관, 팔찌, 왕의 장신구 등등은 그대로 남아 있는데 살과 뼈는 없고 한 줌의 흙밖에 남아 있지 않습니다. 사람이 흙으로 만들어졌다는 것을 증명하는 것입니다. 흙에서 왔다가 흙으로 가는 것입니다.

전도서 12장 7절 "흙은 여전히 땅으로 돌아가고 영은 그 주신 하나님께로 돌아가기 전에 기억하라"하는 말씀을 살펴봅시다.

사람이 죽으면 보통 3일장을 치루고 땅에 묻습니다. 그리고 세월이 흘러 무덤을 열어보면 한 줌의 흙밖에 남아 있지 않았음을 우리는 알 수 있습니다. 7절에 "하나님께 돌아가기 전에 기억하라"라고 합니다. 성경은 우리 몸을 흙으로 만들었다고 하고 흙은 땅에서 나왔으므로 땅으로 돌아간다고 기록되어 있습니다. 영은 하나님이 불어넣었다고 했습니다. 그러니 하나님께로 돌아가는 것입니다. 여기서 돌아간다는 말은 죽음을 뜻합니다. 성경에서 말씀하는 죽음이란 영과 육신이 분리되는 것입니다. 그러나 단순히 '가는 것'과 '돌아가는 것'은 다릅니다. 가는 것은 그냥 가는 것이고 돌아가는 것은 원래 있던 곳으로, 원위치로 되돌리는 것을 말합니다.

미국에 갔던 재미교포 1세대가 고생 끝에 돈을 많이 벌었습니다. 좋은 집에 살고 차도 좋은 차를 탑니다. 하지만 그는 고향이 그립고, 조국이 그립습니다. 그렇게 타국으로 떠났던 사람들의 소원은 고향에 가서 묻히고 싶은 것입니다. 모든 것은 고향으로 돌아가려는 본능이 있습니다. 몸의 고향은 땅입니다. 그래서 땅으로 돌아가려는 것입니다.

장례를 하다보면 지역마다 좀 다르지만 관 뚜껑을 열어놓고 예배를 드리기도 합니다. 여름에 간암으로 복수가 터져 돌아가신 분은 이미 집에서부터 냄새가 나 바람이 불면 그 시체 썩는 냄새가 코로 확 들어옵니다. 그런데 신기한 것은 이때 흙으로 살짝만 덮어도 냄새가 나지 않는다는 것입니다. 원래 땅에서 왔기 때문에 땅이 그 냄새까지 수용할 수 있는 것입니다.

모든 것은 고향이 있습니다. 처음 시작된 곳이 있다는 뜻입니다. 사람의 몸이 고향인 땅으로 돌아가듯, 물은 흘러 결국 바다로 갑니다. 물의 고향이 바다이기 때문입니다. 불꽃은 위를 향합니다. 불의 고향은 태양이기 때문입니다. 물고기나 코끼리처럼 자신의 고향으로 되돌아가 죽는 습성을 가진 동물도 있습니다.

'돌아가다'는 처음 왔던 곳으로 되돌아간다는 뜻입니다. '가다'는 그냥 가는 것입니다. 인간의 살과 지각을 구성하고 있는 물질 성분을 비교하면 거의 일치하는 것을 확인할 수 있습니다. 영도 마찬가지로 본래 왔던 곳인 하나님께로 돌아갑니다. 영의 고향은 천국이기 때문입니다. 하지만 영은 영원히 죽지 않습니다. 영이 있는 존재는 첫째 하나님, 둘째 천사, 셋째 사탄, 넷째 귀신, 다섯째 사람입니다. 동물은 영이 없기 때문에 죽으면 끝입니다. 인간은 유한한 육신을 입고 살고 있지만 그 안에는 영혼이 있기 때문에 육신이 죽은 이후에도 영원히 존재하게 됩니다. 그래서 한 번 생겨난 영은 하나님께로 돌아가 심판을 받게 되고, 천국에서 영생하든지 지옥에서 영벌 받든지 둘 중 하나로 결론이 납니다.

하나님께서는 성경을 통해 '하나님께 돌아가기 전에 기억하라'라고 말씀하십니다. 이 말씀은 영과 육이 분리되기 전에, 죽기 전에 하나님을 기억하라는 말씀입니다. 죽고 난 후 심판대에 서서 하나님을 기억하고 믿는 것은 하나님께서 인정하시지 않습니다. 심판에 대해서는 "3. 모든 사람은 다 심판을 받습니다(73 쪽)"에서 더 구체적으로 알아보겠습니다.

4) 죽음이 다가오는 세 가지 경우는 무엇일까요?

고린도후서 4:7

우리가 이 보배를 질그릇에 가졌으니 이는 심히 큰 능력은 하나님께 있고 우리에게 있지 아니함을 알게 하려 함이라

보배는 영혼이며 질그릇은 흙으로 만든 육체, 몸입니다.

(1) 영혼을 담은 그릇인 육체가 심하게 (부서졌을 때)

(2) 영혼을 담은 그릇인 육체의 한 부위가 심하게 (아플 때, 상했을 때)

(3) 하나님께서 영혼을 (거두어, 빼내어) 가실 때

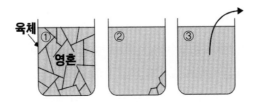

그림설명

3개의 컵에 물이 담겨 있다 – 컵(몸, 육체), 물(영혼)

①번 컵 : 심한 충격(사고) 등으로 깨짐 → 물이 다 쏟아짐(죽음)

②번 컵 : 한 귀퉁이가 깨지고 금이 감(암, 죽을 병) → 서서히 물이 빠져나감(죽음)

③번 컵 : 멀쩡한데 물이 비워짐 → 하나님께서 영혼을 거두어 가심 (편안히 자다가 죽음)

질그릇을 육체, 몸이라 하고 보배는 영혼을 비유하며 질그릇 안에 담겨져 있습니다. 죽음은 영혼과 육신이 분리되는 것입니다. 영혼과 육신의 분리는 세 가지 경우가 있습니다.

첫 번째, 그릇이 심하게 깨지면 영혼은 빠져나갑니다. 물이 담긴 유리컵이 떨어져 컵이 깨지면 물은 순식간에 다 빠져나가는 것과 같이 영혼을 담은 그릇이 심하게 부서지면 영혼은 바로 빠져나갑니다.

두 번째, 몸에 큰 병이 생겨 심하게 아프면 바로는 아니지만 어느 일정 기간이 지나면 영혼은 빠져나갑니다. 마치 물이 담긴 컵에 금이 나면 물이 한꺼번에는 빠지지 않지만 어느 정도 시간이 지나면 물은 한 방울, 한 방울 다 빠져나갑니다. 한 부위가 심하게 아파도 영혼은 서서히 빠져나갑니다.

세 번째, 하나님이 그냥 영혼을 꺼내 가십니다. 한 예로 성경에 등장하는 어리석은 부자가 있습니다. 이 부자는 창고를 크게 짓고 소출이 많아 먹고 마시고 즐기며 여러 해 쓸 물건을 많이 쌓아두었습니다. 하지만 그가 하나님을 무시하자 하나님께서 "어리석은 부자야, 오늘 밤 네 영혼을 도로 찾으리니"하셨습니다. 도로 찾는 다는 말은 하나님께서 불어넣어주셨던 영을 도로 찾아가겠다는 뜻입니다. 결국 그 부자는 쌓아둔 물건을 쓰지도 못하고 영이 빠져나가 죽고 말았습니다.

이런 세 가지 경우에 '죽음이 온다.' 라는 것을 성경은 우리에게 말하고 있습니다. 깨어지면 없어질 질그릇보다 그 안에 담긴 참된 가치인 보배가 중요하듯 우리의 몸인 육신보다 몸속에 있는 영원한 생명인 영혼이 더 중요합니다.

5) 인간의 구성 요소를 통해 (영)의 중요성을 설명할 수 있습니다.

데살로니가전서 5:23

평강의 하나님이 친히 너희를 온전히 거룩하게 하시고 또 너희의 온 영
과 혼과 몸이 우리 주 예수 그리스도께서 강림하실 때에 흠 없게 보전되
기를 원하노라

하나님께서는 우리가 흠이 없이 보전되기를 바라고 계십니다.

(1) 몸, 육체 : (음식) – (물질이 통하는 통로) → 잘 먹고 잘 배설되어야
건강하다.

(2) 혼, 마음, 정신 : (지식) – (사람과 사람이 통하는 통로)

(3) 영, 핵심, 알맹이 : (말씀) – (하나님과 사람이 통하는 통로)

(1) → (3) 으로 갈수록 점점 더 중요함 : 몸은 혼(정신, 마음)의 지배를 받고,
혼은 영의 지배를 받습니다.

요한삼서 1:2

네 영혼이 잘됨 같이 범사가 잘 되고 강건하기를 원하노라

신학자들이 '인간론'에서 사람은 몸과 혼과 영으로 구성되어 있다고 합니
다. 몸은 육체이며 혼은 정신과 마음입니다. 영은 사람만이 가지고 있는
핵심 알맹이입니다. 그런데 몸은 육체를 느끼고 혼은 마음, 정신을 느끼는
데 영은 느끼는 사람이 있고 못 느끼는 사람이 있으며 느낄 때가 있고 못
느낄 때가 있습니다.

몸은 피곤하면 "피곤하다" 하고, 배고프면 "배고프다" 하며, 꿉꿉하면 "씻어야겠다" 합니다. 몸이 느끼기 때문에 육체를 신경 써서 챙깁니다. 혼도 '슬프다', '외롭다', '괴롭다', '우울하다', '화난다', '섭섭하다'를 느끼며 스트레스를 안 받으려고 사람들이 신경을 많이 씁니다. 문제는 제일 중요한 사람의 핵심인 영을 중요시 여기는 사람이 많지 않고 영을 세밀하게 챙기는 사람도 많지 않다는 것입니다.

다윗은 "내 영혼을 소생시키시고", "내영이 주를 찬양합니다."라고 고백하고 있고, 예수님도 돌아가실 때 "아버지여 내 영혼을 아버지 손에 부탁하나이다."하셨으며, 스데반도 돌에 맞아 순교 당할 때 "주 예수어 내 영을 받으시옵소서."라고 했습니다. 왜 그들은 극단적인 죽음의 상황과 정신적으로 억울하고 온몸이 피투성이가 되어 죽어갈 때 "몸이 안 아프게 해주세요, 저 배반자들 때문에 속상해요, 억울해요. 복수 좀 해주세요."하지 않고 영만 챙겼을까요? 몸보다는 혼이 중요하고 혼보다는 영이 중요하기 때문입니다. 영이 혼을 지배하고 혼이 몸을 지배합니다.

몸살이 너무 심해 직장도 못 가고 교회도 못 가고 일주일 동안 끙끙 앓아 누웠다가도 아들이 사법고시에 패스했다는 합격증을 받는다면 몸은 사실 아파 죽을 지경이지만 정신적으로 혼적으로 너무나도 기쁜 일이라 벌떡 일어날 것입니다. 그리고 신바람이나 여기저기 소식을 전할 것입니다. 혹은 장난삼아 사놨던 로또가 40억에 당첨이 됐다면 언제 아팠냐는 듯 벌떡 일어나 펄쩍펄쩍 뛸 것입니다.

이렇듯 정신적으로 기분 좋은 일이 있으면 몸은 아무리 힘들어도 정신에 지배를 받아 움직입니다. 정신적으로 안정되고 마음이 안정된 사람은 잘 아프지도 않습니다. 하지만 반대로 정신, 혼이 불안정하면 육신, 즉 몸에 탈이 잘 납니다. 병원에 가면 의사들이 꼭 하는 말이 신경성이라고 합니다. 신경성 두통, 신경성 관절, 신경성 위장… 신경성 질병은 이렇듯 과도한 정신적 스트레스로 육신에 병이 생긴 것입니다.

그런데 정신, 혼보다 더 중요한 것이 영입니다. 영이 강건하면 마음과 정신에 기쁨이 충만해져 정신적으로 마음으로 미운 사람이 생길 수가 없고 괴로운 일이 생겨도 순간일 뿐 잠깐 기도하고 나면 평안해집니다.
몸은 음식을 먹고 살고 혼, 즉 정신과 마음은 지식을 먹고 삽니다. 그러면 영은 무엇을 먹고 살까요? 영의 양식은 하나님의 말씀입니다. 음식을 잘 섭취한 사람은 몸이 건강해지고 올바른 지식을 많이 섭취한 사람은 정신적으로 건전하고 건강합니다. 영의 양식인 말씀을 많이 섭취한 사람은 영적으로 건강하게 되는 것입니다.

몸은 물질이 통하는 통로입니다. 몸이 잘 먹고 잘 배설하면 건강하고, 몸이 잘 먹지 않거나, 먹었는데도 바로 배설하거나, 배설하지 못한다면 병에 걸리게 됩니다. 혼은 사람과 사람이 통하는 통로입니다. 부부가 같이 살아도 말과 마음이 잘 통하면 행복하고, 잘 통하지 않으면 불행합니다. 그러나 이보다 중요한 것은 통로로서의 영의 역할입니다. 영은 하나님과 사람이 통하는 통로입니다. 사람은 몸과 혼으로써 하나님과 통하는 것이 아니라 영을 통해서 하나님과 통할 수 있는 것입니다.

구원이란 하나님과 내 영이 만나는 것입니다. "허물과 죄로 죽었던 너희를 살리셨도다"는 "죽을 수밖에 없는"이 아니라 "죽었던"이라고 말하고 있습니다. 하나님께서 죽었던 내 영과 만나는 순간, 내 영이 살아나는 것이 곧 구원입니다. 그래서 다윗이 "내 영을 소생시키시고"라고 말했던 것입니다. 마치 찌그러진 튜브에 펌프질을 하면 팽창하듯, 영이 죽어 있는 사람이나, 영이 살아 있긴 하지만 말라 병들어 약해졌던 사람이 하나님을 다시 만나 새롭게 영을 회복하는 것이 구원인 것입니다.

그래서 지금까지 살았던 모든 사람들 중에 안 죽은 사람이 없고, 앞으로도 (안 죽을) 사람은 없습니다. 그러므로 모든 사람은 다 죽고, 바로 당신도 (죽게) 됩니다.

3. 모든 사람은 다 (심판)을 받습니다

보통 사람들은 죄인이라는 것과 죽음은 인정할 수 있지만 내가 죽고 난 뒤에 심판을 받는다는 것에 대해서는 싫어하거나 부정하여 인정하려 하지 않습니다.
불신자들도 대부분 죄인임을 인정하고 죽는다는 것도 인정합니다. 그런데 심판은 인정하려 하지 않습니다. "죽으면 그만이지 천국과 지옥이 어디 있어?"라고 합니다. 그러나 성경은 이미 세 가지 사실을 피할 수 없다고 말합니다.

1) 심판이란 무엇입니까?

내가 죽어서 (천국) 가느냐 (지옥) 가느냐를 결정하는 것입니다.

히브리서 9:27

　　한 번 죽는 것은 사람에게 정하신 것이요 그 후에는 심판이 있으리니

심판이란 죽어서 천국 가느냐, 지옥 가느냐를 결정하는 것입니다. 심판에는 예외가 없습니다. 그리고 거부할 수도 없습니다. 창조주 하나님이 그렇게 만들어 놓았기 때문에 반드시 심판받는다고 말씀에 기록하고 있습니다. 그리고 더 중요한 것은 심판은 개인적이라는 것입니다. 누군가 대신 받을 수 없습니다.

2) 천국과 지옥이 존재하느냐, 존재하지 않느냐가 중요하지 내가 믿느냐 (믿지 않느냐)가 중요하지 않습니다. 만유인력과 중력이 존재하느냐, 존재하지 않느냐가 중요하지 내가 믿느냐 (믿지 않느냐)가 중요하지 않습니다.

우리는 만유인력과 중력이 존재한다는 사실을 알뿐만 아니라 믿고 있습니다. 그렇다면 사실을 사실로 인정할 수 없다 하여 고층 아파트에서 뛰어내린다면 죽습니다. 만유인력과 중력이 내가 믿느냐 믿지 않느냐에 따라 존재의 유무가 달라지지는 않습니다.

마찬가지로 내가 안 믿는다고 해서 있는 천국과 지옥이 없어지지 않습니다. 내가 안 믿는다고 해서 존재하는 사실을 바꿀 수는 없는 것입니다.

지구촌에 천국과 지옥이 있고 하나님이 있다고 믿는 사람이 20억이 넘습니다. 천국과 지옥이 없다고 믿다가 죽고 난 뒤 천국과 지옥이 있다면 어떻게 될까요? 천국과 지옥의 유무 확률을 50%라고 보고 만일 믿지 않았다가 영원한 형벌이 있는 지옥에 간다면 너무 위험한 모험을 한 것입니다.

확률이 50%인데 믿고 죽어 천국에 간다면 없다고 믿다가 지옥에 가는 것보다 잘한 선택일 것입니다. 영벌의 책임은 자신에게 있습니다. 위험한 모험을 하지 말고 믿어야 됩니다.

죽음 후에는 이미 늦습니다. 안 믿어도 우리 영혼은 느낌으로 이미 알고 있습니다. 나이가 들면 들수록 죽음에 대한 두려움과 어딘가에 가야 한다는 무의식중의 느낌으로 더 잘 알고 있습니다.

3) 천국과 지옥을 믿든 안 믿든 (죽음) 후에는 둘 중에 한 곳에 반드시 가야 합니다.

이것은 내가 싫어한다고 해도, 믿을 수 없다고 부정해도, 어쩔 수 없는 사실입니다.

고린도후서 5:10

이는 우리가 다 반드시 그리스도의 심판대 앞에 나타나게 되어 각각 선악간에 그 몸으로 행한 것을 따라 받으려 함이라

4) 천국과 지옥을 구분하는 (심판)의 장면은 어떠할까요?

요한계시록 20:11-15

또 내가 크고 흰 보좌와 그 위에 앉으신 이를 보니 땅과 하늘이 그 앞에서 피하여 간 데 없더라 또 내가 보니 죽은 자들이 큰 자나 작은 자나 그 보좌 앞에 서 있는데 책들이 펴 있고 또 다른 책이 펴졌으니 곧 생명책이

라 죽은 자들이 자기 행위를 따라 책들에 기록된 대로 심판을 받으니 바다가 그 가운데에서 죽은 자들을 내주고 또 사망과 음부도 그 가운데에서 죽은 자들을 내주매 각 사람이 자기의 행위대로 심판을 받고 사망과 음부도 불못에 던져지니 이것은 둘째 사망 곧 불못이라 누구든지 생명책에 기록되지 못한 자는 불못에 던져지더라

(1) 11절과 12절의 '내가'는 누구일까요? (요한)

계시록에 가장 많이 나오는 단어가 '내가'입니다. 여기에 '내가'는 요한을 가리킵니다.

(2) 요한계시록

▶▶▶ 크고 흰 보좌에 앉으신 하나님 → 큰 자나 작은 자나(모든 사람) 보좌 앞에서 심판을 받음

→ 책들(이 땅에서의 행위)에 기록된 대로, 책(생명책– 믿는 자들의 이름 기록)

→ 심판(천국, 지옥 결정)

큰 자나 작은 자나(모든 사람) 크고 흰 보좌에 앉으신 하나님 보좌 앞에서 심판을 받습니다. 책들에 이 땅에서의 행위가 기록된 대로 생명책에 믿는 자들의 이름이 기록된 대로 심판(천국, 지옥 결정)을 받습니다.

요한계시록 1장을 보면 하나님이 예수님에게, 예수님이 천사에게, 천사가 밧모 섬에 갇혀 있는 요한에게 말세, 종말, 심판, 천국, 지옥에 대해서 자세히 계시해주었습니다. 그리고 "네가 보고 들은 대로 기록하라"고 하셨습니다. 그래서 요한이 보고 들은 대로 기록한 것이 요한계시록입니다. 계시

란 말은 '껍질을 벗기다.', '뚜껑을 열다.'라는 뜻입니다.

(3) 요한계시록의 문제점

그 당시의 언어, 환경을 근거로 기록되었기 때문에 지금 시대의 언어나 환경으로는 이해 불가해 해석이 필요 함으로 문자 그대로 받아들여서는 안 됩니다.

요한계시록은 신학자들도 각기 다른 해석이 많습니다. 똑같은 본문을 놓고도 두세 가지 해석이 나옵니다. 한국에 있는 이단들, 전세계에 있는 이단들의 공통적인 특징이 대부분 요한계시록을 잘못 해석해서 생겨났다고 해도 과언이 아닐 정도로 해석이 난해한 책으로 꼽힙니다.

현재는 우리가 살아가고 있고 있는 이 시대를 말하며 미래 또는 말세는 언제가 될지 누가 살게 될지 아무도 모릅니다. 2,000여 년 전인 과거에 요한계시록을 기록한 요한이 살았습니다. 지금부터 2,000여 년 전 요한이 살던 시대는 자동차가 무엇인지 모르는 시대입니다. 그러니 우리 시대의 자동차는커녕 자전거를 보여줘도 이해할 수 없습니다. 도대체 무슨 괴물인가 할 것입니다.

그런데 지금보다 몇백 배 발달된 천국의 모습을 하나님이 요한에게 보여주시며 2,000여 년 전의 언어로 기록하라고 하셨으니 매우 어려웠을 것입니다.

요한계시록은 전부 다 비유적이고 상징적인 단어들입니다. 사자 같고, 송아지 같고, 뿔이 몇 개 달렸고, 황색 말, 청황색 말, 검은 말, 흰 말, 백마 타고… 하는 것들은 배경을 모르면 이해할 수 없습니다.

만약 우리가 2,000여 년 전 요한 시대의 사람들이라고 생각해봅시다. 그

때는 자전거도 모를 때입니다. 그런데 승용차가 깜깜한 밤에 헤드라이트 쌍라이트를 켜고 시속 180km로 쌩 달려가는 모습을 보여주고 기록하라고 한다면 "어둠 속에 빛 두 개가 빠른 속도로 지나갔다.", "밤에 시끄러운 소리를 내면서 무서운 물체가 바람 같이 지나갔다." 정도로 표현하는 것이 고작일 것입니다. 우리가 사는 지금 것을 보여주며 기록하라 해도 이 정도밖에 표현이 안 되는데 2,000여 년 전 요한이 우리 보다 훨씬 더 발달된 그런 미래의 모습을 보고 그 시대의 언어로 하나님이 보여주고 들려준 것을 기록하기란 무척 어려웠을 것입니다.

하나님이 요한에게 천국을 보여주셨습니다. 으리으리하고 아름답고 좋은 건물들… 부귀영화가 어디 있나 싶을 정도입니다. 그래서 보기는 봤지만 생전 처음 본 것이라 표현할 길이 없어 자기 시대에 가장 호화롭고 큰 성과 같은 천국이라고 말합니다. 그리고 성에 있는 열두 문이 문마다 한 진주로 만들어졌다고 합니다. 성의 길은 맑은 유리 같은 정금이라고 하고 벽을 장식한 열두 보석의 이름을 이야기합니다.

이렇듯 요한이 천국을 보고 표현할 길이 없어 자기가 살던 시대에 가장 크고 웅장한 건물인 왕궁을 생각했고, 진주, 열두 보석, 황금 길 같이 가장 아름다운 것들을 통해 "천국은 이렇게 생겼습니다."라고 표현한 것입니다. 그렇다고 "천국에 가면 열두 진주 문이 있고, 열두 보석이 있고, 황금 길이 있습니다."라고 성경에 나온 대로 이해한다면 성경을 정확하게 해석했다고 보기 힘듭니다. 왜냐하면 실제 천국은 그것보다 훨씬 더 월등할 것이기 때문입니다. 요한이 그렇게 표현할 수밖에 없었을 뿐입니다.

마찬가지로 요한이 천국에서 살고 있는 사람들을 왕에 비유했습니다. 부귀영화를 누리며 행복하게 원하는 대로 사는 모습을 자기 시대에 부귀영화를 누리고 원하는 대로 사는 사람 왕을 생각해내어 "왕노릇하리로다." 이렇게 말한 것입니다. 실제로 천국에서는 이 땅의 왕도 누리지 못한 기쁨과 만족을 맛볼 것입니다.

이처럼 요한계시록은 2,000여 년 전 요한의 입장에서 자신의 문명을 초월한 천국의 모습을 하나님께서 보여주신 대로 기록한 것임을 명심하고 조심스럽게 해석해야 합니다.

(4) 백보좌 심판대와 그 위에 앉으신 분 (11절)

요한이 본 흰 보좌에 앉으신 분은 심판자이신 예수님을 말합니다.

(5) 모든 사람은 심판대 앞에 서야 합니다. (12절, 고린도후서 5:10)

죽은 자들은 큰 자든 작은 자든 가리지 않고 똑같이 선다고 합니다. 바로 심판대 앞에 서는 것입니다. 그런데 그 앞에 '책들'이 있고 또 다른 '책'이 있다고 기록하고 있습니다. 그리고 그 '책들'과 '책'이 무엇인지 설명이 뒤에 나옵니다. 여기서 '책들'은 심판대 앞에 선자의 행위를 기록한 책입니다. 그렇기 때문에 "죽은 자들이 자기 행위에 따라 '책들'에 기록된 대로 "심판"을 받는다고 말씀하신 것입니다. 모든 죽은 자들의 행위를 기록하기 때문에 단수가 아닌 복수로 표현되었습니다. 천국에는 모든 사람마다 자신이 지은 사소한 죄, 마음으로 지은 죄까지 모두 책에 기록되어 있다고 합니다. 하나님 앞에서는 죄를 감추려야 감출 수가 없고 모든 사람은 다 자신의 죄에 따라 심판을 받게 됩니다.

또 여기서 중요한 것은 '책들'과 구분되는 '책'입니다. 이 책을 "생명책"이라고 부르고 "누구든지 '생명책'에 기록되지 못한 자는 불못에 던져지더라" 말씀하십니다. 여기서 불못은 누구나 다 예상하다시피 지옥을 뜻합니다. 그런데 여기 생명책에 이름이 기록되지 않으면 지옥에 던져진다고 성경은 기록하고 있습니다.

(6) 심판의 근거

모든 사람은 다 죄를 지었고 다 죽게 됩니다. 그리고 죽은 자들은 모두 자신의 죄에 따라 심판을 받고 지옥에 가게 된다고 합니다. 오직 유일하게 지옥 형벌을 피할 수 있는 방법은 생명책에 이름이 기록되는 것입니다. 이 생명책은 예수 그리스도를 살아계신 하나님의 아들이시자 구세주이심을 믿는 자들의 이름이 기록된 책입니다.

그러므로 예수님을 믿어야 합니다. 하나님은 믿음을 요구하십니다. 아는 것으로는 천국에 갈 수 없습니다. 아는 것을 믿는 것으로 착각하는 사람도 있지만 죽을 때 보면 천국 갈지, 지옥 갈지 알 수 있습니다. 여러분은 아는 것 같고 믿는 것 같은 불확실한 모습으로 심판에 대한 불안과 두려움을 품고 사시겠습니까, 아니면 확실한 믿음으로 천국을 보장받으시겠습니까?

암/송/말/씀

고린도후서 5:10

이는 우리가 다 반드시 그리스도의 심판대 앞에 나타나게 되어 각각 선악간에 그 몸으로 행한 것을 따라 받으려 함이라

간 증 문

김하정

◆ ◆ ◆

얼마 전까지 나는 종교에 대해 크게 좋고 나쁨이 없었습니다. 종교는 선택이며 실천하는 사람의 몫이라 생각했습니다. 어릴 적 나의 부모님은 독실한 불교신자셨습니다. 나 또한 부모님 따라 가끔 절에 가곤 했지만 부처님이란 말보다는 그냥 하나님이 좋았습니다. 초등학교 시절 하교 길에 하늘에 구름 사이로 빛이 비치면 그 구름 위에 하나님이 계시는 것 같아 종종 혼자서 조그만 소원을 빌었던 기억이 있습니다.

고등학교 때 친구 만나러 갔다 우연히 알게 된 심인당에서 불교 공부를 하게 되었고 공부를 할수록 불교에 심취해 갔습니다. 하나하나 알아가는 재미가 있었고 나름 많은 일들을 체험하면서 불교에 집중했었고 조금씩 변화는 나의 모습에 부모님께서도 천태종에서 직각종으로, 오빠 언니들까지 한 믿음으로 생활하게 되었습니다. 시간이 지날수록 어릴 때의 나의 하나님은 점차 잊혀져 갔습니다.

불교는 인과법입니다. 원인과 결과의 교입니다. 교회는 하나님, 예수님만 믿으면 천국 간다는 얘기를 종종 들었습니다. 잘못된 교리라 생각했습니다. 하나님께서 창조하셨다면 모든 게 불공평해 보였습니다. 다 사랑하는 아들, 딸이라면서 주어진 환경이 다르니 더 불공평해 보였습니다. 나는 바르게 사는 사람들이 복을 받고 천국 가야 된다고 생각하면서 나 스스로 합리적인 사람이 되려고 노력했습니다.

물질(돈)이 사람의 마음을 탁하게 하는 것을 내가 다니던 절에 스승으로부터 보았습니다. 실망감. 상실감. 원망. 미움으로 가득했던 나는 14년의 불교생활을 접고 나 스스로 좀 더 바르게, 좀 더 베풀면서 살기로 마음을 먹고 다시는 종교를 갖지 않겠다고 다짐했습니다.

그러던 작년 겨울 새로운 일을 준비하면서 필요한 책을 구입하러 서점에 갔습니다. 우연히 「나를 부자로 만드는 생각」이라는 책에 자꾸 시선을 빼앗겼습니다. 몇 번이나 망설이다 그 책을 구입해 읽고 느낀 그 책의 결론은 '부자가 되려면 종교를 가져야 된다.'였습니다. 그 책에는 성경 구절이 많이 인용되어 있었습니다. 아는 지인들은 "책 저자가 기독교인인가 보네"라는 짧은 대답이었지만 내 생각은 달랐습니다. 그 책에는 교회 다니라는 말이나 기독교를 찬양하거나 예수님을 믿으라는 구절이 없었기 때문입니다. 많은 생각 끝에 종교를 가져야겠다고 마음을 먹고 예전에 다니던 심인당에 다시 갈까를 고민하기 시작했습니다.

그러던 중 김영희 집사님과 우연히 이야기를 나누다 교회 한번 나오라는 권유를 받았습니다. 내가 힘든 시기에 날 위해 기도하셨다는 말씀을 들었습니다. 얼마나 감사하던지... 김영희 집사님과 다시 만나는 기회가 있었고 '그래 한번 가보자. 알아본 후 결정해도 늦지 않아!'라는 생각으로 태어나서 처음으로 교회를 가게 되었습니다. '이왕이면 나를 위해 기도해 주신 감사한 집사님의 교회로 가자' 하는 마음으로 첫발걸음을 내딛게 되었습니다.

고난주간이 시작되기 전 주일 예배시간에 목사님께서 특별새벽기도에 대한 말씀을 하실 때 "나와 함께 깨어 있으라"는 말씀이 뇌리에 강하게 남아 맴돌 았지만 '나는 아직 안 해도 돼. 아직 알지도 못하잖아. 믿음도 없는 내가 무슨 새벽기도…' 이런 생각으로 "나와 함께 깨어 있으라"는 말씀을 애써 부정하고 있을 때 성찬식이 시작되었습니다.

나는 '새 가족의 삶' 반 수업이 끝나지 않은 터라 성찬식에 참여할 수 없었고 그냥 제자리에 앉아 예수님의 고난 영상을 보게 되었습니다. 영상이 시작되는 순간 거짓말처럼 필름이 지나가듯 지금 보게 될 영상들이 눈앞을 스치며 지나갔습니다. 너무 놀라 '이게 뭐지!' 하는 순간 영상은 아직도 첫 장면이었습니다. 그리고 알게 되었습니다. 예수님께서 우리를 위해 십자가에 못 박히시고 죽은 자 가운데 살아나심을 알게 된 것이 아니라 믿게 되었다는 표현이 더 정확할 것입니다. 나로서는 감당할 수 없는 마음이었습니다. 지금까지 부정한 것은 아니지만 인정해 보지도 않은… 예수님의 고난과 부활… 되돌아보니 하나님에 대한 마음은 있었지만 예수님에 대한 마음은 없었던 것 같습니다. 하나님의 아들임을 생각해 본적이 없었던 것입니다. 왜 하나님의 아들이지? 그랬던 나였는데 영상을 보면서 많이 아팠고 많이 고통스럽고 많이 눈물이 났습니다. "나와 함께 깨어 있으라" 하는 뇌리에 스치는 말씀에 나도 모르게 "네" 라는 순종의 마음이 되어 월요일 첫 새벽기도를 나갔습니다.

예배를 마치고 모두 기도를 드리는 시간… 어둠과 음악만이 흐를 때 나는 멍하니 두 손 모아 고개 숙이고 앉아 무엇을 어떻게 기도해야 할지 몰라 안은주 집사님께서 시간 제약 없이 기도하고 돌아가면 된다고 조용히 알려주신 대로 기도에 집중해 보기로 했지만 다른 분들의 기도 소리에 쉽게 집중되지 않았습니다. 그러다 머릿속을 비우고 가만히 눈을 감고 기도 대신 "주여, 주여, 주여"

하는데 왼쪽 가슴에서 한 줄기 빛이 보이더니 나의 등 뒤에서 나를 감싸 안아 주시는 주님의 팔과 밝은 빛의 주님의 형상이 보였습니다.

"지금까지 너 혼자가 아니고 내가 항상 너와 함께 있었노라. 아프고 슬프고 힘들 때도 함께였노라. 앞으로도 항상 너와 함께 할 것이라."하는 주님의 음성이 들렸습니다. 주님의 음성에 나도 모르게 뜨거운 눈물이 왈칵 쏟아졌습니다. 감사함과 따뜻함에 지금까지 내가 얼마나 행복한 사람이었는지, 축복받은 사람이었는지, 뭐라 표현할 수 없는 기쁨과 평안함에 가슴 벅찬 감동을 느꼈습니다. 주 예수님을 하나님의 아들로, 예수님의 부활을 믿는 순간 하나님께서 준비해 주신 첫 번째 선물이었음을 나는 믿고 있습니다.

무엇보다 '새 가족의 삶' 수업을 통해 믿음이 조금씩 생기기 시작할 무렵 나에게 일어난 일들이라 오직 믿음만이 하나님의 축복을 받을 수 있음을 알게 되었습니다. 왜 하나님을 믿어야 하는지, 왜 예수님께서 십자가에 못 박히셨는지, 우리가 살아가는 이유와 목적이 무엇인지, 그리고 우리의 마지막이 될 천국과 지옥에 대해서 짧은 시간이었지만 믿음을 키우고 내 삶의 방향성에 대해 다시 새롭게 할 수 있는 알찬 시간들이었고 내가 처음 예수님을 하나님의 아들로 믿는 순간도 가슴 벅찬 시간이었지만 '새 가족의 삶' 수업을 통해 믿음이 단단해지고 목적이 생긴 후 예수님을 영접하는 마지막 수업시간의 감동은 겸허한 마음, 기쁨, 눈물 그 자체였습니다.

예수님을 믿고 생활하는 지금 나는 믿음과 자신감과 평안함에 감사드리고 있습니다. 미래에 대한 불안함이 아니라 기도로 응답 받을 수 있다는 확신, 그 확신이 믿음으로, 그 믿음이 내 맘에 평안으로 그리고 항상 내 안에 주님이 함께 하심으로 자신감이 충만해짐을 느낍니다. 지금 나는 '누가 뭐라 해도 하나님은 이 세상에서 나를 최고로 사랑하신다.'라는 말을 가장 사랑합니다.

이런 평안함과 기쁨을 누리고 싶으시면 저처럼 꼭 '새 가족의 삶' 공부를 통해 하나님과 예수님의 사랑을 확인하시기 바랍니다. 정말 세상에서 찾을 수 없는 너무나 귀한 것을 찾게 될 것입니다. 이렇게 행복하고 기쁨으로 살 수 있도록 저를 전도해 주신 김영희 집사님과 목숨 걸고 말씀을 가르쳐 주신 담임 목사님께 깊은 감사를 드리며, 제게 구원의 은혜를 허락해 주신 하나님께 다시 한 번 감사를 드립니다.

● 제3과정 ●

천국과 지옥을
확인하라

제3과정 천국과 지옥을 확인하라

서론

인간들은 만물의 영장이라고 기뻐하지만 예수님을 믿지 않고 죽는다면 차라리 짐승으로 태어나는 것이 백 배 나을 것입니다. 왜냐면 짐승은 영이 없기 때문에 죽으면 끝입니다. 사후세계가 없습니다. 그러나 사람에게는 영이 있어 이 땅에서 예수님을 믿지 않으면 영생의 길을 얻지 못하고 끔찍한 지옥으로 떨어질 수밖에 없기 때문입니다. 하지만 반대로 예수님을 구주로 영접한 사람들은 천국에서 영생과 영원한 기쁨을 누리게 됩니다.

죽음 후에는 영원한 세상이 있습니다.

만일 천국과 지옥이 있다고 믿고 열심히 신앙생활을 하다 죽은 후에 천국과 지옥이 없다면 좀 억울하고 속상하겠지만 크게 손해 볼 것은 없습니다. 하지만 천국과 지옥이 없다고 생각하고 먹고 사는 일에 급급해 하며 살다가 죽은 후에 지옥이 정말 있다면 어떻게 하시겠습니까? 영원히 지속되는 지옥의 고통과 형벌을 어떻게 감당하시겠습니까? 아무리 외쳐도 듣지 않았던 사람들은 그때 가서는 누군가를 원망할 수도 탓할 수도 없습니다. 죽어서 하는 후회는 아무도 책임져 줄 수 없습니다.

천국과 지옥을
확인하라

1. 천국을 확인하라

1) 천국은 어디에 있을까요?

첫 번째, (마음속)에 있습니다.

누가복음 17:20~21

바리새인들이 하나님의 나라가 어느 때에 임하나이까 묻거늘 예수께서
대답하여 가라사대 하나님의 나라는 볼 수 있게 임하는 것이 아니요 또
여기 있다 저기 있다고도 못하리니 하나님의 나라는 너희 안에 있느니라

두 번째, (하늘)에 있습니다.

마가복음 10:21

> 예수께서 그를 보시고 사랑하사 가라사대 네게 오히려 한 가지 부족한
> 것이 있으니 가서 네 있는 것을 다 팔아 가난한 자들을 주라 그리하면 하
> 늘에서 보화가 네게 있으리라

바리새인들이 예수님께 천국이 어디 있느냐고 물었을 때 예수님이 하나님
의 나라는 너희 안에 있다고 대답하셨습니다. 이 말은 즉, 천국은 마음속
에 있다는 말씀입니다. 그렇다면 사람이 죽으면 자기 자신의 마음속에 들
어 가는 걸까요? 그런데 다른 구절에서 예수님이 말씀하시기를 천국은 하
늘에 있으니 하늘에 가서 보화로 갚아주겠다고 말씀하십니다.
과연 천국은 마음속에 있는 것일까요, 아니면 하늘에 있는 것일까요?
예수님께서는 왜 이런 일구이언을 하셨을까요?
이것을 보고 기독교를 비판하는 사람들은 모순이라고 따지기도 합니다.
천국에 대한 정의를 모르기 때문에 그렇습니다. 그러나 천국이 어떤 곳인
지 정의하면 이 말 뜻을 이해할 수 있습니다.

2) 천국을 어떻게 정의할 수 있을까요?

천국(天國) = 하늘나라 = 하나님 나라 = 하나님의 (지배, 통치)를 받는
곳 = 하나님께서 (계신) 곳

요한이 "회개하라 천국이 가까이 왔다."라고 말합니다. 문자적, 논리적으

로는 이해가 되지 않습니다. 천국은 우리가 죽어서 가는 것 같지만 예수 믿는 사람의 마음속에 하나님, 예수님께서 들어오시는 것입니다. 이것은 천국이 단순히 장소적인 개념만을 의미하는 것이 아니라는 뜻입니다.

찬송가 438장 '내 영혼이 은총 입어'는 누가복음 17장 21절의 "하나님 나라는 너희 안에 있느니라" 하는 성경 말씀을 근거로 찬송이 만들어졌습니다.

천국이란 첫째, 한자로 하늘 천(天), 나라 국(國) 입니다. 그래서 천국을 쉽게 번역하면 하늘나라입니다. 둘째, 하늘나라는 하나님 나라라는 말입니다. 하나님 나라는 하나님의 통치와 지배를 받는 곳이며, 좀 더 쉽게 말하면 하나님께서 계신 곳입니다.

천국을 죽어서 가는 하늘 어디쯤에 있는 어떤 곳이라 생각하지만 성경은 그렇게 말하지 않고 있습니다. 천국은 하나님이 계신 곳입니다. 요한이 마태복음 3장 2절에서 "회개하라 천국이 가까이 왔느니라"라고 했습니다. 그러면 우리는 "죽어서 천국을 가는 거지 천국이 어떻게 우린한테 가까이 오느냐?" 할 것입니다. 모순이라고 말하는 것입니다.

그러나 하나님이 계신 곳은 그 어디나 하늘나라라고 찬송가 438장에 했던 것처럼 마음속에 예수님을 모셔 들여 자신의 마음에 예수님이 계시면 천국이 이루어진 것입니다. 그 마음에 천국이 이루어진 사람만이 하늘에 있는 천국에도 들어갈 수 있습니다.

3) 3가지 하늘에 대한 정확한 구분은 무엇일까요?

고린도후서 12:2

> 내가 그리스도 안에 있는 한 사람을 아노니 그는 십사 년 전에 셋째 하늘에 이끌려 간 자라 그가 몸 안에 있었는지 몸 밖에 있었는지 나는 모르거니와 하나님은 아시느니라

첫째 하늘 - (공중 : Sky)
둘째 하늘 - (우주 : Cosmos)
셋째 하늘 - (천국 : Heaven)

첫째 하늘은 공중 sky 라고 하고
둘째 하늘은 우주 cosmos 라고 하며
셋째 하늘은 천국 Heaven이라고 합니다.

성경은 이미 첫째 하늘, 둘째 하늘, 셋째 하늘이 모두 존재한다고 말씀하고 있습니다. 그러나 사람들은 과학적으로 증명되지 않은 것은 믿지 않으려고 합니다. 과거에는 눈에 보이는 첫째 하늘만 있다고 생각했습니다. 그러다 과학과 천문학의 발달로 둘째 하늘 우주도 있다는 것을 깨달았습니다. 마지막 때 셋째 하늘 천국도 있다는 것을 알게 되겠지만 이미 때는 늦습니다. 우리가 배우는 것은 셋째 하늘(천국)에 대해서입니다.

사람들은 과학적으로 증명이 안 되고 상식적으로 이해가 안 되면 절대 믿지 않았습니다. 바다 수평선을 보고 지구 끝이 절벽인 줄 알았을 때는 지구는 가만히 있고 태양이 돈다고 생각했었습니다. 그래서 그 당시 학자들은 천동설을 주장했습니다. '코페르니쿠스'라는 사람이 태양은 가만히 있

고 지구가 돈다는 지동설을 주장했다가 사형을 당했습니다. 그런데 실제로 지구가 태양을 돌고 있습니다. 지동설이 맞습니다. 천동설은 눈에 보이는 첫째 하늘만 보던 당시 학자들의 착오에서 비롯된 것입니다. 하지만 성경에서 이미 언급하고 있는 둘째 하늘인 우주의 존재를 후대 학자들이 발견하면서 자연스럽게 지동설이 사실임이 밝혀졌습니다. 이렇듯 첫째 하늘 공중도 있고 둘째 하늘 우주도 있는 것처럼 아직 과학이 발견하지 못했을 뿐 셋째 하늘 천국도 있습니다.

4) 천국은 어떤 곳일까요?

(1) (눈물, 사망, 애통, 아픔)이 없는 곳입니다.

요한계시록 21:4

모든 눈물을 그 눈에서 닦아 주시니 다시는 사망이 없고 애통하는 것이나 곡하는 것이나 아픈 것이 다시 있지 아니하리니 처음 것들이 다 지나갔음이러라

눈물, 사망, 애통, 아픈 것이 없는 곳, 슬프고, 외롭고, 고독하고, 힘든 것이 없는 곳이 천국입니다. 기쁨과 평화와 영광만이 있는 천국이니 얼마나 좋은 곳인지 모릅니다. 이 세상은 나그네 인생입니다. 잠시 머물다 가는 곳일 뿐입니다. 아무리 행복하게 살아도 아무리 잘 살아도 아무리 권력이 있다고 하더라도 죽으면 끝입니다. 우리 영의 고향인 천국에서는 이런 것들이 전혀 필요 없습니다.

(2) 각종 보석벽과 열두 (진주문), 황금 길로 되어 있습니다.

요한계시록 21:21

> 그 열두 문은 열두 진주니 각 문마다 한 개의 진주로 되어 있고 성의 길
> 은 맑은 유리 같은 정금이더라

제2과정에서도 잠시 언급했듯이 요한계시록은 문자 그대로 해석해서는
안 됩니다. 21절 이전에 보면 천국을 표현할 때 큰 성으로 표현했고 요한
은 그다음에 천국의 벽이 열두 보석으로 되어 있고 천국의 문은 열두 진주
문이며 천국의 길은 황금 길이라 했습니다. 천국이 어마어마하게 좋은데
2,000여 년 전 당시 언어와 표현력으로는 천국을 묘사할 수 없어 자기 시
대에 있는 가장 좋은 것들을 총동원해 천국은 이러이러한 곳이라고 표현
한 것입니다. 현 시대의 모습을 보고 기록하는 것도 어려운데 현 시대보다
훨씬 더 먼 미래, 더 발달된 모습을 2,000여 년 전 요한이 기록하는 것은
굉장히 어려웠을 것입니다. 이보다 백 배는 더 좋은 곳이라고 이해해야 천
국을 똑바로 이해했다고 할 수 있습니다. 요한이 천국을 보긴 했지만 이것
을 표현할 수 없으니 자기 시대에서 제일 좋고 제일 아름다운 왕궁과 금은
보화를 통해 천국을 표현한 것입니다.

(3) (생명나무)가 있습니다.

▶▶▶ 생명나무(이 땅의 어떤 나무와 비교 불가) → 열두 가지 실과 한 나무에 (형형색색의
갖가지 열매), 달마다(이 땅의 나무는 1년에 한 번, 천국 생명나무는 달마다 열매 맺음)

요한계시록 22:2

> 길 가운데로 흐르더라 강 좌우에 생명나무가 있어 열두 가지 열매를 맺

되 달마다 그 열매를 맺고 그 나무 잎사귀들은 만국을 치료하기 위하여 있더라

이 땅의 나무는 한 나무에 한 종류의 열매만 맺지만 천국에선 한 나무에 열두 가지 열매를 맺으니 모양도 희한하고 형형색색 얼마나 멋있을까요? 천국의 나무는 한 나무에 열두 가지 열매가 달립니다. 그리고 달마다 그 실과가 맺힌다고 합니다. 이 땅의 나무는 일 년에 한 번씩 열매를 맺습니다. 그런데 천국에 있는 생명나무는 달마다 실과가 맺혀 한 달에 한 번씩 열매를 따먹고 따먹은 한 달 후에 다시 열매가 맺히는 것입니다. 그러니 냉장고가 필요 없는 늘 풍족하고 좋은 곳임을 우리에게 보여줍니다.

⑷ 장가, 시집을 가지 않는 곳입니다. 천사와 같이 (시공)을 초월하는 곳입니다.

이 땅에서 결혼은 영원하지 않습니다. 천국에서는 장가, 시집을 가지 않습니다. 그래서 부부도 천국 가면 형제, 자매가 되며 이 땅에서의 육적 관계가 끝나고 영적인 관계가 됩니다. 심판 때가 되면 부부도 각각 심판을 받습니다.
어릴 때와 나이 들면서(아기, 어린이, 청소년, 청년, 장년) 좋은 것이 다르듯이 천국에 가면 우리의 마음과 생각도 바뀌고 육체도 변화되어 신령한 몸(천사 같이, 부활하신 예수님처럼)이 되어 시공을 초월합니다.

마가복음 12:25
사람이 죽은 자 가운데서 살아날 때에는 장가도 아니 가고 시집도 아니 가고 하늘에 있는 천사들과 같으니라

예수님이 이 땅에 다시 오셔서 심판하고 나면 천국 갈 사람은 천국에 들어가고 지옥 갈 사람은 지옥에 들어가서 그곳에서 그곳 사람들의 영혼끼리 같이 살게 됩니다. 천국에서는 이 땅에서의 육적 관계가 없어지고 하나님 아버지를 중심으로 모두가 다 형제자매가 됩니다.

그런데 만약 나는 천국에 가고 배우자는 지옥에 갔습니다. 성경에 천국과 지옥은 서로 오갈 수는 없지만 볼 수는 있다고 했습니다. 이 땅에서 행복하게 평생 같이 살았는데 죽어서 본인은 천국에서 행복하게 살고 배우자는 영원히 꺼지지 않는 유황불 속에서 고통 받고 있다면, 얼마나 슬프고 마음이 아플까요?

그러나 천국에는 눈물, 슬픔, 아픔, 고통, 괴로움이 없다고 성경은 기록하고 있습니다. 천국에 가면 우리의 육적인 관계는 다 끝나버리게 됩니다. 그렇기 때문에 천국은 눈물도 괴로움도 없다고 하는 것입니다. 내 가족 중에 지옥에 간 사람이 있다 하더라도 육적인 관계는 끝났기 때문에 아픔과 슬픔은 없고 영적인 관계 속에서 기쁨을 누리게 됩니다.

이렇듯 심판은 개인적이기 때문에 일대일로 받는 것이지 부부 중 한 명이 믿는다고 해서, 내 부모님이 믿는다고 해서 내가 구원 받는 것은 절대로 아닙니다.

빌립보 3:21

> 그가 만물을 자기에게 복종케 하실 수 있는 자의 역사로 우리의 낮은 몸을 자기 영광의 몸의 형체와 같이 변하게 하시리라

두 번째 시공을 초월합니다. 영화나 만화를 보면 사람은 유리창을 깨고서야 안으로 들어갈 수 있지만 천사는 유리창을 깨지 않고도 그냥 통과하는 것처럼 천국에서는 가고 싶은 곳을 시공을 초월해 갈 수 있습니다. 마치

예수님께서 부활한 모습과 같습니다. 예수님께서 이 땅에 살 동안은 육체의 한계가 있으셨습니다. 걸어서 가셔야 했고, 배를 타셔야 강을 건넜고, 배가 고프면 드셔야 했으며, 잠도 주무셔야 했습니다.

그러나 예수님께서 죽으셨다가 다시 살아나신 후에는 신령한 몸이 되셨습니다. 제자들이 모여 있던 곳에 문이 잠겨 있어도 죽었다 부활하신 예수님은 문을 열지 않고도 들어가셨습니다. 그래서 제자들은 유령인줄로만 알았습니다. 부활한 예수님의 몸은 마치 시공을 초월하는 천사와도 같았습니다. 그렇게 예수님께서는 마지막 때를 기약하며 하늘로 승천하셨습니다. 천사만 시공을 초월하는 것이 아니라 예수님도 시공을 초월하셨고 우리도 마지막 날에 시공을 초월하는 '신령한 몸'으로 변합니다.

요한일서 3:2

> 사랑하는 자들아 우리가 지금은 하나님의 자녀라 장래에 어떻게 될지는 아직 나타나지 아니하였으나 그가 나타나시면 우리가 그와 같을 줄을 아는 것은 그의 참모습 그대로 볼 것이기 때문이니

예수님이 마지막 때에 다시 오실 때 이 땅에 공중 재림을 하시고 다시 지상 재림을 하시는데 이것을 2차 재림이라고 합니다. 예수 믿는 사람들은 예수님이 공중 재림하실 때 휴거됩니다. 예수님이 공중에 재림하시는 순간 예수님처럼 신령한 몸으로 바뀌어 예수님이 하늘로 들린 것처럼, 천사가 하늘을 나는 것처럼 우리도 신령한 몸으로 바뀌어 휴거됩니다. 요한일서 3장 2절에서 그 시기를 말하고 있습니다. "그가 나타나시면" 즉 예수님이 공중에 재림하는 순간 우리도 예수님과 같아져서 예수님과 천사들처럼, 신령한 몸으로 변하게 될 것이라고 성경은 기록하고 있습니다.

(5) (왕노릇) 하는 곳입니다.

▶▶▶ 요한이 천국에 함께 있는 자들의 모습을 보니 이 땅에서 왕처럼 삶 → 천국에서는 이 땅에서 왕이 누릴 수 있는 권세보다 더 큰 권세를 누린다.

디모데후서 2:12

참으면 또한 함께 왕 노릇 할 것이요 우리가 주를 부인하면 주도 우리를 부인하실 것이라

2,000여 년 전 요한이 천국에 살고 있는 사람들을 보았습니다. 얼마나 행복하게 사는지 자신이 원하는 것을 다 누리며 천국에서 행복하게 왕 노릇 하며 살고 있습니다.

교회 장로님이셨고 군의회 의장까지 지내셨던 분이 교통사고로 병원에 입원해 3개월 동안 의식이 없었습니다. 너무 위중해 가족들 모두 다 돌아가실 것으로 생각했습니다.

그 사이 중앙선 침범을 해 사고를 낸 사람이 장로님에게 사고 원인을 다 뒤집어 씌워 버렸고 목격자도 없었습니다. 장로님은 군의회 의장에서 물러난 후 군에서 도로를 깔고 다리 포장을 하는 면허를 얻어 가만히 있어도 많은 돈을 벌 수 있었지만 교통사고가 나 중환자실에서 3개월 동안 의식이 없으니 그 혜택은 다른 사람에게로 갔습니다. 장로님의 자녀들 칠남매가 얼마나 간절히 기도했는지 모릅니다.

그날도 장로님은 죽었는지 살았는지 그냥 누워만 계셨습니다. 가족들은 다리가 썩고 있어 다리수술부터 먼저 하자고 했지만 병원에서는 의식이 없는 사람에게는 수술을 할 수 없다고 했습니다.

그날은 특별히 이마에 손을 얹고 "하나님! 장로님의 영혼을 살려주세요."

하고 한 이삼 분 기도를 하고 눈을 떴는데 기적같이 3개월 만에 장로님이 눈을 뜨셨습니다. 깨어나신 장로님이 입을 달싹달싹 거리며 뭔가 말을 하려고 하시는데 잘 들리지 않았습니다. 자세히 들어보니 "예배드리고 싶다."하시는 것이었습니다. 그래서 귀에다 데고 무릎을 꿇고 앉아 "나 같은 죄인 살리신 주 은혜 놀라워 잃었던 생명 찾았고 광명을 얻었네" 찬양을 불렀습니다. 그때 가족들의 통곡과 오열 속에 장로님의 눈에서도 눈물이 주르륵 흘렀습니다.

그런데 그 장로님의 태도가 그때부터 완전히 달라지셨습니다. 퇴원하신 후 연세도 있고 교회 장로님이시고 의장이셨던 분이 쓰레기를 줍고 빗자루질을 하시고 월요일이면 분리수거까지 도맡아 하셨습니다. 사고 후유증으로 몸이 성한 곳이 없으셨지만 누구보다도 부지런하게 봉사하셨습니다.
왜 그러시는지 여쭤봤더니 입원해서 의식이 없는 동안 예수님이 지옥과 천국을 다 보여 주셨다고 합니다. 그런데 천국에 장로님의 집이 있기에 들어가려고 하는데 예수님께서 등허리를 딱 치시며 너는 아직 할 일이 있으니 돌아가라고 하셨답니다. "제가 나이도 먹고 지금 어떻게 무엇을 합니까?" 했더니 교회에 가서 휴지라도 줍고 청소라도 하라고 하셨답니다. 그래서 천국 상급 쌓기 위해 열심히 봉사한다는 것입니다.

천국을 다녀온 그때부터 아주 교만한 분이었던 장로님이 180도 달라져서 안 쓰던 존댓말을 쓰기도 하고 굉장히 예의를 갖추게 되었습니다. 맘에 안 든다고 교회 목사님들도 힘들게 했던 분이 지금은 완전 딴 분이 되신 것입니다. 누워 계시다가 목사인 사위가 들어가면 벌떡 일어나십니다. 전에는 가족들이 모여 식사할 때 처형들이 밥이나 국을 퍼가지고 "목사님부터 드려야지" 하면 고함을 치시며 "교회에서나 목사지, 집에선 내가 어른이다."

하셨습니다. 지금은 "목사님부터 드려라." 하십니다. 천국이 얼마나 좋은 곳인지 그때 깨달을 수 있었습니다. 교회가 크다 작다를 떠나서 교회를 위해 애쓰는 모습, 한 영혼을 위해서 애쓰는 모습, 그것을 하나님께서 기뻐하시고 그들을 위해 천국을 예비하고 계십니다.

5) 천국을 경험한 (바울)은 천국을 어떻게 표현하고 있습니까?

▶▶▶ 발가벗고 사는 문명의 손길이 전혀 닿지 않은 곳의 원주민을 헬기가 날아와 그 중 한 명을 태우고 사라졌다. → 괴물 새가 잡아먹었다 생각하여 겁에 질려 통곡하며 장례를 치뤘다.

　　→ 헬기에 탄 원주민 : 서울에 도착, 명동거리, 빌딩, 최고급으로 먹여주고, 입혀주고, 대우하고 가르쳐 다시 고향으로 데려다 줌　 → 원주민 : 다시 괴물 새가 나타나 겁에 질려 도망감.

　　→ 돌아온 자의 고백 : 처음 본 것들을 말로 표현이 안 되었다. → 사람들이 미쳤다고 손가락질하고 걱정함.

▶▶▶ 2000년 전 바울 → 천국 보고 표현하려고 하니 당시 최고 석학에 똑똑했던 사람임에도 말로 표현이 안 되었다. → 왜? 천국은 너무 좋은 곳이었기 때문이다.

▶▶▶ 전두환 5공화국 시절 버마 아웅산 테러 사건이 발생 → 그때 사망한 비서실장의 부인은 울지도 슬퍼하지도 않았다. → 기자가 그 이유를 묻자 남편이 이 세상보다 몇 백배 더 좋은 천국을 갔는데 왜 슬퍼하고 우느냐고 대답했다. 천국은 이 땅에서 가장, 최고로 좋은 것들을 다 모아놓은 것보다 훨씬 더 좋은 곳이다. → 비교 불가

고린도후서 12:4

그가 낙원으로 이끌려 가서 말로 표현할 수 없는 말을 들었으니 사람이 가히 이르지 못할 말이로다

천국을 경험한 바울은 천국을 어떻게 표현하고 있을까요? 고린도후서 12장 4절에 "그가 낙원으로 이끌려 가서 말로 표현할 수 없는 말을 들었으니 사

람이 가히 이르지 못할 말이로다"고 했습니다.

아프리카 원주민은 아무 문명의 혜택을 받지 못하고 벌거벗은 채 살아갑니다. 자전거가 뭔지도 모르는데 헬기가 날아다닌다면 원주민들은 괴물 새가 나타났다고 할 것입니다. 독수리가 제일 큰 줄 알았는데 독수리보다 훨씬 크고 울음소리 또한 아주 커 삼킴을 당할까 두려워하며 무서워 동굴이나 나무 뒤에 숨을 것입니다. 그때 헬기를 세우고 한 원주민을 태워 문명의 도시로 날아갔습니다. 옷을 입히고 여기저기를 구경시켜줍니다. 숲과 나무만 보고 살던 사람이 이 신비한 세계를 보니 얼마나 놀랐겠습니까. 아프리카에서는 괴물 새가 통째로 삼켰다고 생각해 장례식을 다 치른 상태입니다.

그런데 다시 헬기에 태워 아프리카로 날아왔습니다. 누가 또 삼킴 당할지 모르니 원주민들은 무서워 벌벌 떨며 꼭꼭 숨습니다. 그런데 잡혀갔던 원주민이 이상한 가죽을 하나 걸치고 다시 나타났습니다. 놀랜 친구들을 불러서 자신이 보고 온 것들을 말하려고 하는데 도대체 말로 표현하기가 어려웠습니다. 보긴 했어도 처음 본 것이라 무엇으로도 표현할 수가 없었던 것입니다. 눈짓, 발짓, 손짓으로 최선을 다해 표현하는데 친구들은 믿지 않습니다. 괴물 새한테 잡혀갔다 오더니 미친 소리한다고 생각하고 맙니다. 세상에 그런 게 어디 있냐고 오히려 면박을 줍니다.

같은 시대를 살아도 문명의 도시를 이해하고 받아들이기 어려운데 2,000여 년 전 요한과 바울이 지금 보다 100배 살기 좋은 천국을 보고 왔다면 그것을 말로 표현하기가 어려운 것은 당연할 것입니다.

5공화국 시절 버마 아웅산 폭파사건이 있었습니다. 전두환 대통령이 동남아 5개국을 순회 방문할 때 버마의 국민묘지에 국빈방문으로 참배하러 가는데 북한이 시한폭탄을 설치해놓았습니다. 그때 대통령이 조금 늦게 가는 바람에 대통령은 살았지만 대동해서 미리 갔던 사람들이 많이 죽어 국민들의 가슴을 아프게 한 사건이었습니다.

합동 장례식을 치르는 동안 남편의 죽음을 당한 부인들이 울고불고 오열하는데 한 부인만이 눈물 한 방울조차 흘리지 않고 있었습니다. 기자들이 "당신은 왜 울지 않습니까? 남편이 죽었는데 슬프지 않습니까?" 라고 물었습니다. 그때 부인은 "난 절대 울지 않습니다. 내 남편은 가장 좋은 천국에 갔습니다. 하나님께서 너무 사랑하셔서, 이 세상 고생 그만하고 곁에 두시려고 천국으로 데려갔기 때문에 슬프지 않습니다." 이렇게 대답했다고 합니다. 천국을 아는 사람은 죽는 것을 겁낼 필요가 없습니다. 그래서 예수님을 믿는 사람의 장례식을 천국 환송예배라고 합니다.

2. 지옥을 확인하라

1) 지옥은 원래 누구를 위해 만드셨을까요?(마귀 , 사자들)

마태복음 25:41

> 또 왼편에 있는 자들에게 이르시되 저주를 받은 자들아 나를 떠나 마귀와 그 사자들을 위하여 예비된 영원한 불에 들어가라

하나님께서 지옥을 만드신 의도는 마귀, 귀신들을 집어넣기 위함입니다. 그런데 사람들이 죄를 지어 마귀와 귀신들이 가야할 지옥에 가게 된 것입니다. 이 지옥은 절대 가면 안 되는 곳입니다.

2) 지옥은 어떤 곳일까요?

(1) 불과 유황으로 타는 못에 들어가 (고난) 받는 곳입니다.

요한계시록 14:10

그도 하나님의 진노의 포도주를 마시리니 그 진노의 잔에 섞인 것이 없이 부은 포도주라 거룩한 천사들 앞과 어린 양 앞에서 불과 유황으로 고난을 받으리니

(2) 손발을 자르고 (눈)을 빼더라도 들어가서는 안 되는 곳입니다.

마가복음 9:43-47

만일 네 손이 너를 범죄하게 하거든 찍어버리라 장애인으로 영생에 들어가는 것이 두 손을 가지고 지옥 곧 꺼지지 않는 불에 들어가는 것보다 나으니라 만일 네 발이 너를 범죄하게 하거든 찍어버리라 다리 저는 자로 영생에 들어가는 것이 두 발을 가지고 지옥에 던져지는 것보다 나으니라 만일 네 눈이 너를 범죄하게 하거든 빼버리라 한 눈으로 하나님의 나라에 들어가는 것이 두 눈을 가지고 지옥에 던져지는 것보다 나으니라

지옥은 손발을 자르고 눈을 **빼**서라도 절대로 들어가서는 안 되는 곳입니다. (마가복음 9장 43절, 45절, 47절) 당신이 만약에 두 손으로 무엇을 훔치고 때리고 누구를 괴롭히고 손으로 자꾸 죄를 지어 손 때문에 지옥에 가게 생겼다면 예수님은 작두나 도끼로 잘라내라고 하셨습니다. 손을 잘라내서라도 죄를 지으면 안 되는 것입니다. 그래서 손을 잘라내 불구자가 되고 장애인이 되더라도 천국에 가야지 두 손 가지고 지옥에 가면 안 됩니다. 지옥은 너무

나 비참한 곳입니다. 45절에서는 "만일 네 발이 너를 범죄하게 하거든 찍어 버리라 다리 저는 자로 영생에 들어가는 것이 두 발을 가지고 지옥에 던져 지는 것보다 나으니라"고 했습니다. 다리를 잘라내어서라도 천국 가는 것 이 낫지, 두 다리 멀쩡해도 지옥가면 절대 안 된다는 것입니다. 또 47절에 서는 "만일 네 눈이 너를 범죄하게 하거든 빼어버리라 한 눈으로 하나님의 나라에 들어가는 것이 두 눈을 가지고 지옥에 던져지는 것보다 나으니라." 고 했습니다. 만약 당신이 이상한 비디오나 인터넷 등을 봄으로 눈으로 죄 를 지어서 지옥가게 생겼다면 예수님은 눈을 빼버리라고 하셨습니다. 눈 을 빼서라도 천국에 가야지 지옥에 가면 안 된다는 것입니다. 지옥은 너무 나도 비참하고 끔찍한 곳이기 때문입니다.

전도를 하거나 설교를 하다 보면 "목사님! 죄 지을 때마다 손, 발, 눈을 다 빼버리라면 생각으로 죄를 지으면 골을 캐내야 되고 마음으로 죄를 지으 면 심장을 도려내야 되니 예수쟁이들은 다 잘라내고 몸뚱이만 가지고 천 국 갑니까?" 하는 사람이 있습니다. 말씀을 잘 모르기 때문에 하는 말입니 다. 문자적으로 해석하면 큰일 납니다. 문자로 해석하면 모든 사람이 다 손목, 발목 다 잘리고 눈도 다 빼야 할 것입니다.

당신을 예수 믿지 못하게 하거나 교회 가지 못하게 하여 지옥 가게 하려는 어떤 사람이나, 어떤 일의 방해나, 환경의 방해가 있다면, 그것을 잘라야 한다는 말입니다.
솔직히 사람들이 "집안에 일이 있어서요. 갈 데가 있어서요. 바빠서요. 만 나야 할 사람이 있어서요." 등의 핑계를 되고 주일 예배를 빠집니다. 내 눈 을 빼서라도, 손발을 잘라서라도, 예배를 드리겠다는 마음만 먹으면 충분 히 조절할 수 있을 것입니다. 이렇게 해서라도 천국과 멀어지게 만드는 죄와 유혹을 끊어야 합니다.

(3) (구더기)도 죽지 않는 곳입니다.

마가복음 9:48

거기에서는 구더기도 죽지 않고…

이사야 14:11

네 영화가 스올에 떨어졌음이여 네 비파 소리까지로다 구더기가 네 아래
에 깔림이여 지렁이가 너를 덮었도다

세 번째 지옥은 구더기도 죽지 않는 곳입니다. 마가복음 9장 48절에 "거기
는 구더기도 죽지 않고 불도 꺼지지 아니하느니라" 라고 했고 이사야 14장
11절에도 "네 영화가 스올에 떨어졌음이여 네 비파소리까지로다 구더기가
네 아래에 깔림이여 지렁이가 너를 덮었도다"라고 했습니다. 스올은 지옥
을 말합니다. 지옥에 떨어지면 벌거벗은 몸에 자기 앞 가슴 쪽으로 구더기
수백 마리, 등 쪽에 지렁이 수백 마리가 덮고, 몸을 뱀이 감싸고 물어뜯습
니다. 그게 지옥입니다. 그런데 그 구더기가 안 죽는다는 것입니다. 지옥
이 이렇게 비참한 곳입니다.

여러분은 밥이나 국에 구더기, 지렁이가 우글거리고 있다면 드실 수 있으
시겠습니까? 아니, 한 마리만 빠져 있으면 드실 수 있으시겠습니까? 그런
것이 더럽고 징그럽다고 생각이 되신다면 지옥은 절대로 가시면 안 되는
곳입니다. 불타는 지옥은 이 땅에 있는 가장 더럽고 징그러운 곤충, 파충
류 등이 죽지도 않고 우글거리고 함께 영원히 지내며 형벌 받는 곳이라고

성경에 기록되어 있습니다.

(4) 꺼지지 않는 (　불　)로 사람을 소금 치듯 하는 곳입니다.

마가복음 9:48

거기에서는 구더기도 죽지 않고 불도 꺼지지 아니하느니라

마가복음 9:49

사람마다 불로서 소금 치듯 함을 받으리라

네 번째 지옥은 구더기가 죽지 않고, 불도 꺼지지 않습니다. 라이터 불, 가스 불 위에 1분이라도 손을 얹고 참을 수 있는 사람이 있을까요? 그 누구도 없습니다.

또한 꺼지지 않는 불로 사람을 소금 치듯 하는 곳입니다. 마가복음 9장 49절에 "사람마다 불로써 소금 치듯 함을 받으리라" 라고 말씀하고 있습니다. 미꾸라지를 잡아 솥에 넣고 굵은 소금을 한 줌 뿌리면 펄펄 뛸 것입니다. 따가워 요동치며 발광할 것입니다. 프라이팬을 가열해놓고 굵은 소금을 넣으면 '타다닥' 다 튀어버립니다. 이처럼 지옥에 간 사람들이 불이 뜨거워 발광하는 모습이 소금 친 미꾸라지와 같아서 사람마다 소금 치듯 함을 받으리라고 말하는 것입니다. 지옥은 영원히 불이 꺼지지 않는 곳입니다. 이런 형벌이 있는 곳이 지옥입니다. 태어나서 늙어 죽을 때까지 평생의 고생을 다 합쳐봐야 지옥의 하루 고생이 안 됩니다. 내가 살아가는 삶이 아무리 지치고, 힘들고, 어려워도 엄청난 지옥의 형벌을 하나님께서 면제시켜 주시고 구원한 것에 감사하고 불평, 원망하지 말아야 할 것입니다. 만일 하나님께서 구원해주지 않아 여러분이 죽어서 지옥에 가게 된다고

생각해 보십시오. 그렇다면 이 땅에서 교회 때문에, 예수님 때문에, 조금 수고하고, 조금 고생하는 것이 오히려 감사하게 될 것입니다. 태어나서 죽을 때까지의 평생 고생이 지옥에서의 하루 고생도 안 됩니다.

3) 지옥을 경험한 (부자)는 지옥을 어떻게 표현하고 있을까요?

▶▶▶ 지옥에 간 부자의 소원
  → 군대는 제대로, 학교는 졸업으로, 잘못된 결혼은 이혼이라는 끝이 있지만 지옥은 끝이 없다. → 참새 한 마리가 태평양 바다 물을 일 년에 한 방울씩 육지로 옮겨 태평양 바다가 다 말라도 그제야 지옥의 고통은 시작일 뿐이다.

▶▶▶ 영원한 것에 비하면 70~80년은 점도 아닌데도 70~80년을 위해 영원한 것을 포기하는 사람들이 대부분이다. → 노후대책 준비는 하지만 영원한 삶은 준비하지 않는다.
  → 세상 즐거움 다 버리고, 세상 자랑 다 버렸네 ~~ (새찬송가 94장)

누가복음 16:24

불러 이르되 아버지 아브라함이여 나를 긍휼히 여기사 나사로를 보내어 그 손가락 끝에 물을 찍어 내 혀를 서늘하게 하소서 내가 이 불꽃 가운데서 괴로워하나이다

지옥을 경험한 부자는 지옥을 어떻게 표현하고 있을까요? 지옥에 간 부자는 "이르되 아버지 아브라함이여 나를 긍휼히 여기사 나사로를 보내어 그 손가락 끝에 물을 찍어 내 혀를 서늘하게 하소서 내가 이 불꽃 가운데서 괴로워하나이다."하는 소원을 합니다. 앞에서는 사람마다 불로 소금 친다고 했습니다. 이 부자가 지옥 가서 불꽃가운데서 괴로워하는 것이 불로 소금 치고 있는 것입니다.

어떤 사람이 입신을 하여 천국과 지옥을 보게 되었습니다. 한번은 지옥에 갔는데 온통 검게 그을린 사람들이 뜨거운 불 속에서 몸부림치는 광경을 보게 되었습니다. 그런데 그 중에 자신을 부르는 사람이 있어서 돌아봤더니 얼마 전 죽은 자신의 이웃집 남자였습니다.

그 이웃집 남자는 그에게 왜 자신을 전도하지 않았느냐고, 왜 이런 끔찍한 지옥이 있는지 알려주지 않았느냐고 울부짖었지만 이미 그에게 수차례 복음을 전했고 교회에 초청했었습니다. 아무도 탓할 수 없음을 알게 된 이웃집 남자는 체념하고 묻습니다.

"이 끔찍하고 비참한 지옥의 형벌, 지옥의 고통은 언제쯤 끝이 납니까?"

"저 넓은 태평양 바다에 물이 있죠. 참새 한마리가 일 년에 한 모금씩 물을 찍어 육지에다 나르고 일 년 있다가 한 마리가 또 한 모금 물을 찍어 육지로 나르고 그래서 태평양 바닷물이 다 말라 맨바닥이 드러나면, 그제야 지옥의 고통은 시작될 뿐입니다."

힘든 군대생활은 제대가 있고, 하기 싫은 공부도 졸업이 있고, 잘못한 결혼도 이혼이라는 것이 있습니다. 그런데 지옥은 제대도, 졸업도, 이혼도 없습니다. 그래서 지옥을 영벌이라고 합니다. 영원히 사는 것은 앞으로 날아가는 화살표인데 우리가 사는 7,80년은 그것의 점도 안 됩니다. 7,80년 자체는 길지만 영원히 사는 것에 비하면 터무니없이 짧습니다. 점도 안 되는 7,80년을 위해 영원한 것을 포기하고 지옥을 선택하는 사람이 얼마나 많은지 모릅니다. 이 땅에서도 점도 안 되는 순간의 삶을 재밌게 살겠다고 영원한 것을 포기하고 노후대책을 위해, 몇십 년 앞을 위해 준비한다고 합니다. 순간보다 더 중요한 영원한 삶을 준비하십시오. 지옥은 죽을 수도 없고 피해갈 수도 없는 영벌이 있는 곳입니다. 지옥은 절대 가지 말아야 합니다.

3. 인간의 구원을 위한 하나님의 원칙은 무엇일까요?

▶▶▶ 하나님은 전지전능하시고 불가능한 것이 없다 → 한 가지 못하시는 것 : 거짓말 → 하나님께서도 하나님께서 만드신 원칙을 거스를 수 없으시다.

죄인 → 영벌, 지옥

→ 당신은 죄인입니까? 의인입니까? 당신이 '죄인'이라면 지옥에 가야 합니다. 지금 죽으면 당신(여러분)은 방금 배운 이 끔찍한 지옥의 주인공이 된다.

하나님의 원칙 : (그들 - 죄인) → 영벌 (지옥) = 들어간다

의인 → (영생)(천국) = 들어간다

마태복음 25:46

그들은 영벌에, 의인들은 영생에 들어가리라 하시니라

인간 구원에 대한 하나님의 원칙은 무엇일까요? 마태복음 25장 46절에 그들은 영벌에 의인들은 영생에 들어간다는 하나님의 원칙이 있습니다. 하나님은 전지전능하셔서 다 할 수 있지만 딱 한 가지 거짓말을 못하십니다. 하나님도 하나님 자신이 하신 말씀의 원칙대로만 하십니다.

천국과 지옥, 영생과 영벌은 반대말입니다. 하나님은 죄인이 천국 가고 싶다고 해도 의인이 지옥 가고 싶다고 해도 안 보냅니다. 왜냐면 죄인은 지옥에 의인은 천국에 보낸다고 말씀하셨기 때문입니다. 이것이 하나님의 원칙입니다.

4. 의인이 되어야 천국에 갈 수 있습니다

당신이 죄인이라면 비참한 (지옥)의 주인공입니다. 지옥 가지 않고 천국에 가려면 (의인)이 되어야 합니다.

5. 죄인이 의인 되는 방법은 무엇일까요?

영생이 있는 천국에 가려면 먼저 의인이 되어야 합니다. 의인만 되면 자동적으로 천국에 들어가게 되는 것입니다. 그래서 무작정 천국에 가려고만 하지 말고 먼저 의인이 되려고 노력해야 합니다.

1) 평생 (죄)를 안 지음 → 불가능합니다.

2) 유일한 방법 → 다음 과에서 배웁니다.

의인이 되는 방법은 두 가지입니다. 첫 번째는 태어나서 죽을 때까지 죄를 하나도 짓지 않는 것입니다. 그러나 인간이 평생 죄를 하나도 짓지 않는다는 것은 사실 불가능합니다. 그래서 첫 번째 방법은 불가능한 방법이 됩니다. 결국 의인이 되는 두 번째 방법이 유일한 방법이 됩니다. 이 방법만이 우리의 모든 죄를 다 무효가 되게 할 수 있습니다. 과연 이 세상의 그 무엇이 우리의 주홍 같이 붉은 죄를 없던 것으로 만들 수 있을까요? 과연 무엇이 내 모든 죄를 사하고 하늘 보좌에 있는 생명책에 내 이름이 기록되게 하는 것일까요? 이 두 번째 방법에 대해서는 다음 시간에 배우도록 하겠습니다.

마태복음 25:46

그들은 영벌에, 의인들은 영생에 들어가리라 하시니라

간 증 문

박진현

✦ ✦ ✦

저희 집안은 일 년에 8~9번 지낼 만큼 제사가 많습니다. 제사를 지내지 않으면 집안이 망하고 가족이 병들어 죽게 된다고 믿는 가족들 때문에 장손인 제가 교회에 다니는 것을 매우 싫어하십니다. 제사가 끊기는 걸 원치 않는데다가 하나의 오해로 시작된 사건으로 인해 교회 자체를 증오하리만큼 싫어하시게 되었습니다. 작은 할머니께서 저희 집안으로 시집을 오셨는데 그 분은 하나님을 믿는 믿음의 자녀셨습니다. 하지만 작은 할머니께서 하나님을 믿기 때문에 친할아버지가 일찍 돌아가셨다는 인식이 가족들의 마음에 심어지면서부터 교회라는 곳에 대한 미움이 걷잡을 수 없이 커져만 갔습니다.

어렸을 적부터 남들과는 조금 다른 가정환경에서 자라나 성격이 점점 폭력적으로 변해 갔습니다. 친구들과 치고 박고 싸우는 걸 즐겼고 대화에서 욕을 사용하지 않으면 말을 못할 정도였으며, 약한 친구들을 악랄한 방법으로 괴롭혔고, 입으로, 행동으로 많은 죄들을 지었습니다. 하지만 하나님께서 존재하신다는 사실만은 믿고 있었습니다. 단지 하나님에 대한 두려움과 죄를 지으면 하나님께서 무척 슬퍼하신다는 사실은 깨닫지 못했습니다.

처음 교회에 가게 된 것은 언제인지는 잘 모르겠지만 고모 손에 이끌려 갔습니다. 일 년의 한두 번 다녔던 교회에서 섬겨주는 사람도 없이 신앙생활을 하는 것이 결코 쉬운 일은 아니었습니다. 더군다나 한 곳에 오래 앉아 집중하지 못했던 어린 시절에 저는 목사님의 설교가 그저 지루한 자장가처럼 들렸습니다. 그래도 그 와중에 하나님의 도움을 구하는 기도는 끊이지 않고 계속했습니다.

주걱턱이라는 콤플렉스를 가지고 있었습니다. 남들에게는 대수롭지 않은 일이 저에게는 정말 목숨을 끊고 싶을 만큼의 큰 상처로 다가왔습니다. 버스나 지하철에서 남들이 쳐다보지도 않는데 괜히 의식하게 되고 위축되면서 우울증까지 오게 되었고 자신감마저 잃었습니다. 그래서 보통 사람들처럼 정상적인 턱을 가지고 많은 사람들 앞에 자신 있게 나서는 제 미래 모습을 상상하며 그 날이 하루 빨리 오기를 밤마다 하나님께 간절히 기도했습니다. 하지만 1년이 지나고, 2년이 지나고, 4년이 지나도 하나님께서는 응답은커녕 제 기도를 듣지도 않으시는 것 같았습니다. 이렇게 만드신 하나님을 원망하면서도 한편으론 해 주실 것이라는 실낱같은 믿음을 가지고 고등학교를 졸업했습니다. 친구들은 대학교 문제로 이리저리 바빴지만 저의 머릿속은 온통 턱 수술 생각뿐이었습니다. 하지만 넉넉하지 않는 가정형편에서 천 단위가 넘어가는 턱 수술하기란 상상조차 할 수 없을 만큼 어려운 일이라 모든 걸 포기하고 있었습니다. 그러던 어느 날 어머니께서 치아교정을 시켜 주셨고 교정 1년 반 만인 작년 10월 3일 턱 수술을 받게 되었습니다.

간증을 쓰며 "하나님은 왜 더 빨리 안 해 주시고 4년 만에 해주셨을까?"라고 생각하다가 수술하기 전 턱 검사 받을 때 의사선생님이 상담할 때 하셨던 말이 문득 떠올랐습니다. 환자분 같은 케이스는 가장 적당한 시기에 하는 거라고 하셨습니다. 지금 돌이켜 보면 하나님의 타이밍은 정말 한 치의 오차도 없는 완벽한 것이라는 것과 역시 나의 하나님은 완벽하신 분이라는 걸 알았습니다.

그렇게 하나님의 도우심으로 무사히 수술을 받고 한 달여간에 휴식을 취하였습니다. 어느 날 저는 이모와 이모부 집에 놀러 갔습니다. 그곳에서 재미있게 놀고 집으로 돌아갈 무렵 이모께서 지금 다니는 교회가 있는데 그곳 목사님께서 영적으로 능력 있으신 분이라며 칭찬에 칭찬이 이어졌습니다. 그리고는 한 번 와볼 것을 저에게 권유하셨습니다.

사실 이때만 해도 별 감동도 없었고 저희 집과는 너무 멀어서 이번 주에 갈 것을 약속은 하였지만 가지 않을 생각이 더 컸습니다. 이모와 교회로 나가기로 약속한 주일 아침 저는 너무 가기 싫은 마음이 강했고 온갖 변명을 하며 몇 주를 미꾸라지 마냥 요리저리 피해 갔습니다. 그러다 더 이상 변명할 것이 없게 되자 마지못해 한 번만 가고 안갈 생각으로 교회를 가게 되었습니다.

처음에 도착했을 때는 모든 것이 낯설었습니다. 성가대 없이 앞에서 찬양을 드리는 것과 갑자기 성도님들이 일어나 서로 축복하며 인사하는 것이나… 조그마한 일부터 큰일까지 모든 것이 낯설고 불편했습니다. 빨리 집에 가고 싶다는 마음뿐이었는데 목사님께서 설교를 시작하시고 조금 지나자 한 곳에 오래 앉아 집중하지 못하는 제가 목사님 입에서 나오는 하나님 말씀을 들으면서 웃기도 하며 시간이 가는지도 모를 정도로 푹 빠져 있었습니다.

시편 119편 103절 말씀 "주의 말씀의 맛이 내게 어찌 그리 단지요 내 입에 꿀보다 더 다니이다" 처럼 하나님의 말씀이 제게 너무나도 달고 맛있었습니다. 그렇게 교회에 푹 빠져 '새 가족이 삶' 공부가 시작되는 주일에 바로 신청을 해 새 가족반 과정을 진행하면서 하나님의 살아계심을 확신하게 되었고, 매시간 생생한 복음의 능력을 체험하게 되었습니다. 그리고 마지막 시간 나를 향한 주님의 큰 사랑을 깨닫게 되면서 예수님을 인격적으로 만나 진정한 하나님의 자녀로 거듭나 구원의 확신을 갖게 되었습니다.

하나님의 사랑스러운 자녀가 되고 나니 저의 삶은 눈에 띄지는 않지만 조금씩 변화되기 시작했습니다. 매일 같이 하나님과 믿음의 형제들을 만날 수 있는 주일이 기다려지고, 금요 부흥 축제를 찾게 되고, 세상 친구들에게 대하는 행동과 말씨, 그리고 술과 담배를 하지 않게 되었고, 세상 모임보다는 영적인 모임을 찾으며 하나님과의 관계를 형성해 갔습니다.

하지만 믿지 않는 집안에서 신앙생활하는 것은 결코 쉬운 일이 아니었습니다. 일요일 아침 할머니께 거짓말을 하고 나와야 하는 것이 마음에 걸렸습니다. 한두 번은 이리저리 핑계되며 나올 수 있었는데 매주 주일 아침 똑같은 시간에 나와야 하니 여간 쉬운 일이 아니었고 매번 거짓말 하는 것이 죄인 것 같아 마음이 몹시 불편했습니다.

그래서 올해 5월 금요 부흥회를 마치고 교회를 끔찍이도 싫어하시는 할머니께 교회에 다닌다고 당당하게 말씀드렸습니다. 그러자 집안은 난리가 났습니다. 모든 가족들이 저를 비난하고 욕하고 조용한 집안 분란 일으킨 죄인으로 만들어 버렸습니다. 집에 있는 시간들은 너무나도 외로웠습니다. 식구들이 모두 잠든 밤에서야 저는 방에서 나와 몰래 밥을 먹어야 했고 화장실 가는 것조차 눈치를 보아야 했습니다. 저는 자존심이 강해서 제 자신에게도 눈물을 보이는 것이 싫어 운적이 없었는데 이때는 정말 많이 울었습니다. 가족이 불쌍해서 울고, 억울해서도 울고, 예수님께서 우리 때문에 이것보다 더 심한 고통을 당하셨다는 것을 생각하면서도 울고…

다음 주일 아침 무사히 교회에 갈 수 있도록 간절히 기도한 뒤 집에서 나서려는데 할머니께서 작정을 하시고 아예 교회에 가지 못하도록 방 앞을 지키고 서 계셨습니다. 저는 하나님께 어떤 상황에도 예배드릴 수 있도록 꼭 예배드리고 싶다고 기도한 뒤 얼마 지나지 않아 할머니께서 잠시 소홀한 틈을 타 창문으로 도망쳤습니다.

그 후부터는 집에 들어가는 것이 두려워 교회에서 한동안 생활하였습니다. 처음에는 이 큰 교회에 혼자 있으려니 무섭기도 하고 미동도 하지 않는 가족을 보며 '어떻게 구원할까'라는 생각에 앞이 막막하여 길 가다가 사고가 나서 빨리 하나님 품에 가고 싶다는 기도까지 했지만 그때마다 하나님께선 약한 마음에 강함을 주셨고, 가족구원의 확신을 잃지 않게 하셨으며 자신감까지 주셨습니다.

아직까지도 집안 어른들은 교회를 싫어하십니다. 그리고 매번 제사 때면 어른들의 강압 속에도 저는 제사를 지내지 않아 많이 부딪히고 있습니다. 하지만 조금씩 가족들의 마음을 하나님께서 여시고 계시다는 것을 저는 확실히 느낄 수 있습니다.

끝까지 예수님께서 가신 외롭고 힘든 십자가 길을 저도 갈 것이며 마지막에는 나를 욕하고 비난했던 그들을 요셉이 그랬던 것처럼 가슴에 품고 하나님께로 인도하여 천국 백성이 되도록 길을 열어 주는, 하나님께서 가장 기뻐하시는 영혼 살리는 일에 힘쓰는 일꾼이 될 것입니다.

가족과 친구들에게 비난받아도 괜찮습니다. 이 때문에 주님과 더욱 가까워지고 구원의 확신으로 하나님 나라에 들어가서 영원히 누리며 살 수 있는 확신을 얻었기 때문에 다 견딜 수 있습니다. 하지만 저 혼자 이것을 누리는 것은 싫습니다. 사랑하는 가족과 친구들, 모든 사람이 영원한 하나님의 은혜를 누릴 수 있도록 힘쓰는 일꾼이 되고 싶습니다. 아직까지도 교회를 나오고 있지만 여전히 하나님을 알지 못하고 계신 분들과 최근에 교회에 오신 분들이 계시다면 꼭 '새 가족의 삶'을 공부해 보시길 권해드립니다. 그래서 저처럼 구원의 감격 속에서 기쁨과 행복을 누리셨으면 좋겠습니다.

마지막으로 '새 가족의 삶'을 통해 하나님의 사랑을 깨닫고 구원의 자리에 들어설 수 있도록 도와주신 담임목사님께 감사를 드리며, 부족한 저에게 구원의 은혜를 값없이 선물로 주신 하나님께 감사와 영광을 돌립니다.

● 제4과정 ●

의인이 되는
방법을
확인하라

제4과정 의인이 되는 방법을 확인하라

서론

1. 의인이 되는 방법은 유일합니다

2. 예수님을 믿음으로 의인이 됩니다

3. 예수님을 믿으면 의인이 되는 이유는 무엇일까요?

4. 예수님을 믿는 순간 죄 사함을 받는 이유는 무엇일까요?

5. 예수님을 믿는다는 것은 무엇을 믿는다는 것일까요?

부록 - 간증문

● 서 론 ●

어머니께서 농사를 지으시는데 물꼬를 잠시 보라고 하셔서 물꼬를 보러 간적이 있습니다. 그 심부름을 하고 오는데 친구 아버지께서 삽을 어깨에 지고 걸어오고 계셨습니다.

"어르신, 오랜만에 뵙습니다."
"자네 언제 왔는가?"
"방금 왔습니다. 그런데 어르신 연세도 높으신데 예수님 믿고 천국에 가야 하지 않겠습니까?"

그랬더니 어르신이 대뜸 이런 말씀을 하십니다.

"예수 믿는 놈이 남의 논의 물을 빼가나?"
"예? 무슨 말씀이십니까?"

천수답 논을 아십니까? 바로, 계단식 논입니다. 가뭄이 들어 양수기를 돌려 밤새 물을 대놓았는데 그 논 아래에 있는 교회 다니는 할아버지 집사님이 구멍을 내서 물을 다 빼가고 만 것입니다. 적당히 뺐다면 표시가 나지 않았을 텐데 너무 많이 빼가서 위에 있던 논의 물이 바닥나고 만 것입니다. 그러니 이 할아버지는 예수 믿는 사람은 물론이고 예수님도 믿을 수가 없다는 것입니다. 그래서 제가 전도를 하려고 하자 "예수 믿는 놈이 남의 논에 물을 빼 가

제4과정_ 의인이 되는 방법을 확인하라 | 121 |

느냐?"라고 역정을 내셨던 것입니다.

"어르신, 예수 믿는 놈은 물을 빼갈지 몰라도 우리 예수님은 빼가지 않습니다."

그랬더니 어르신이 그래도 본인은 예수님이 불공평하기 때문에 예수님을 믿을 수가 없다고 합니다.

"아니, 그 예수는 믿기만 하면 다 용서해 주고 천국에 데리고 간다며?"
"예!"
"거봐! 불공평하지. 물 빼간 그 놈이 예수 믿는다고 하면서도 나보다 몇 배나 더 많은 죄를 짓는데 예수 믿는다고 해서 천국 간다면 공평한 건 아니지."

본인이 생각할 때 자신은 그 영감님보다 훨씬 더 착하게 산다는 것입니다. 그러면서 죄를 많이 지은 그 사람도 그리고 죄를 많이 짓지 않은 나도 다 예수를 믿기만 하면 천국에 데리고 가준다고 한다면 불공평한 것이 아니냐고 되묻는 것입니다. 해야 할 말이 별로 없었는데 그때 성령님께서 지혜를 주셨습니다.

"어르신, 집에 세탁기 있으십니까?"
"있지! 요새 세탁기 없는 집이 어디 있나?"
"어르신, 그 세탁기 불공평하니까 갖다 버리십시오."
"왜?"
"세탁기는 많이 더러운 옷이나 조금 더러운 옷이나 같이 넣으면 다 깨끗하게 빨아주니 불공평하지 않습니까? 그러니까 그 불공평한 세탁기 갖다 버리십시오."

이렇게 말하자 그 어르신이 나를 물끄러미 보면서 아무 말도 하지 못하셨습니다.

오늘날 참으로 많은 사람들이 자신의 행위로 구원을 받는다고 생각을 합니다. 성경은 그에 관하여 과감하게 "No"라고 말하고 있습니다. 구원받는 방법을 모르는 사람들은 계속해서 내 행위로, 내 노력으로, 내가 죄를 덜 지음으로, 내가 착한 일을 함으로, 내가 금욕을 함으로… 등등의 이유로 구원받는다고 생각하고 거기에 집중하고 있습니다. 하지만 그 결과는 반드시 실패입니다.

교회에 다니지 않지만 법 없이 살 정도로 바르게 사는 사람들이 많습니다. 그들은 도덕적으로나 윤리적으로 다른 사람들에게 나쁜 행동을 하지 않고 살았고 다른 사람들에게 오히려 좋은 일을 많이 하고 살았기 때문에 만일 천국과 지옥이 있다면 자기는 천국에 즉 좋은 곳에 갈 것이라고 생각합니다.

그러나 구원받는 것, 좋은 곳에 들어가는 것은 우리의 행위나 노력으로 가능한 것이 아닙니다. 하나님의 은혜와 사랑을 받아들여야 되는 것입니다.

스스로 돌이켜 생각해 보십시오. 주님께서 하신 말씀을 다 잘 지키고 착한 일과 좋은 일을 많이 하고 죄를 하나도 짓지 않고 완벽한 의인이 되어서 내 힘으로, 내 노력으로 천국에 가 보겠다고 하는 그것이 만일 기준이라고 한다면 좋은 곳에 갈 사람, 구원받을 사람, 천국에 들어갈 사람은 이 지구상에 단 한 사람도 없습니다. 왜냐하면 얼마만큼을 해야 완전한 그 의에 도달할 수 있을까요? 인간 스스로의 힘으로는 도저히 불가능한 일인 것입니다.

의인이 되는 방법을 확인하라

제4과정

▶▶▶ 복습 : 질문) 죄인이 죽으면 어디로 가는가? - 지옥

　　　　　　의인이 죽으면 어디로 가는가? - 천국

▶▶▶ 하나님의 원칙 : 하나님께서는 원칙대로 하시는 분이시다.

　　　　　　　당신은 죄인인가 의인인가?

　　　　　　　죄인 → 지옥 : 교회는 지옥가려고 다니는 것이 아니라 천국가려고 다니는 것이다.

　　　　　　　천국 가는 방법 : 의인이 되어야 한다.

　　　　　　　　　　① 죄를 하나도 지어서는 안 된다(불가)

　　　　　　　　　　② 죄를 없애버림 - 유일한 방법(그림으로 설명)

▶▶▶ **그림설명** : 강남에서 강북으로 갈 수 있는 쉬운 방법은?(돈 한 푼도 안 들이고, 전혀 위험하지도 않고 가장 쉽게 건너는 방법)

→ 다리 위로 건넌다.

→ 이렇게 쉽게 갈 수 있는데 당신 스스로 도움닫기, 멀리뛰기, 헤엄치기 등으로 노력해도 불가능하다.

→ 하나님(천국)께 가고자 자기 노력(선행), 도 닦음, 이 종교 저 종교, 윤리나 도덕적으로 깨끗이 하는 등 아무리 시도해도 불가능하다. 쉽고 간단한 방법은 하나님께로 갈 수 있는 다리를 통해서 건너야 한다. - 그 다리가 되신 분이 예수 그리스도다.

지난 시간에 배운 것처럼 의인이 되는 방법이 두 가지가 있는데 첫째, 태어나서 늙어 죽을 때까지 죄를 하나도 짓는 않는 것입니다. 그러나 이 방법은 불가능합니다. 그럼 유일한 방법은 나머지 하나밖에 없는데 그 유일한 방법을 배우도록 하겠습니다.

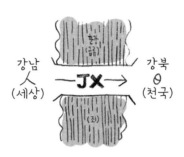

그림을 보십시오. 한강의 물이 급류처럼 흘러가고 있습니다. 한 2~3미터의 물줄기가 세게 흘러가는데 강남에서 강북으로 건너가야 됩니다. 그런데 돈 한 푼도 안 들이고 전혀 위험하지도 않고 가장 쉽게 한강을 건너는 방법은 무엇일까요? 돈이 들면 안 되고 위험해도 안 됩니다. 가장 쉽게 한강을 사람들이 어떻게 건너가고 있나요?

다리를 통해서 가면 쉽게 갈 수 있습니다. 이렇게 다리를 밟고 가면 쉽게 건너갈 수 있는 것을 우리는 자신의 노력으로 한강을 건너려 하고 있습니다. 수십 번, 수백 번, 수천 번 시도는 할 수 있지만 건너편에 도달할 수는 없을 것입니다. 지치고 탈진해 물에 빠져 죽을지도 모릅니다. 안 될 수밖에 없는 일을 왜 노력으로 건너가려고 할까요? 안 되는 건 하지 말아야 합니다. 수십 번, 수천 번, 내 힘으로 내 노력으로 한강을 건너가려고 해봐야 결국은 지쳐 쓰러지거나 물에 빠져 떠내려갈 것입니다. 다리를 통해 건너가면 쉽게 공짜로 그냥 건너가는 것을 왜 고생을 하려고 할까요?

인간은 이 세상에 살면서 하나님이 계신 천국에 가고 싶어 합니다. 죽을 때가 되면, 아니 살아 있을 때도 나름대로 천국은 아니더라도 좋은 데 가고 싶은 마음은 사람에게는 다 있습니다. 그래서 나름대로 노력을 해봅니다.

첫 번째, 교회에 다니지 않아도 예수를 믿지 않아도 착한 일, 좋은 일, 선행, 구제 등을 많이 합니다. 왜냐면 좋은 일을 많이 하면 천국이나 좋은 데 갈 것이라 생각하기 때문입니다. 그런데 착한 일, 좋은 일, 선한 일, 구제를 많이 시도할 수는 있지만 도달할 수는 없습니다.

두 번째, 도덕적으로, 윤리적으로, 법적으로 깨끗하게 사는 사람이 있습니다. 왜냐하면 도덕적, 윤리적, 법적으로 깨끗하게 살면 좋은 데 가는 줄 알고 노력하지만 그래도 도달할 수는 없습니다.

세 번째, 도를 닦고, 고행을 하고, 금욕을 하고, 수도를 하고, 수행을 하는 사람이 있습니다. 그렇게 하면 좋은 데 갈 줄 알고 도를 닦거나 자기 몸을 학대를 합니다. 자기 스스로는 위안이 되고 천국에 갈 것 같지만 절대로 천국에 이를 수가 없습니다.

네 번째, 종교가 다 똑같다고 생각해 어떤 종교든 하나만 가지면 좋은 데 갈 것이라고 하는 사람이 있습니다. 그래서 어떤 종교를 하나 가지고 있기 때문에 천국과 같이 좋은 곳에 도달할 줄로 착각합니다. 그러나 마음에 위안은 될지 모르지만 절대로 도달할 수는 없습니다.

내 힘으로, 내 노력으로, 내 열심으로 한강을 건너보려고 수백 번, 수천 번 시도할 수는 있지만, 넓이 뛰기로 한강을 건너갈 수 없듯이, 사람이 세상을 살면서 죄인 된 몸으로는 하나님이 계신 천국에 가려고 별의별 노력을 다 한다고 해도 천국에는 갈 수 없습니다. 그러나 다리를 밟고 가면 쉽게 건너갈 수 있듯이 죄인이 이 세상에서 하나님이 계신 천국에 갈 수 있는 방법은 다리로 건너는 것입니다. 그 다리를 하나님은 우리에게 놓아 주셨습니다.

1. 의인이 되는 방법은 (유일)합니다

요한복음 14:6
> 예수께서 가라사대 내가 곧 길이요 진리요 생명이니 나로 말미암지 않고는 아버지께로 올 자가 없느니라

예수님이 내가 곧 길이요, 진리요, 생명이라 말씀하십니다. 원래 에덴동산에서 하나님과 사람은 서로 사랑하고 교제하는 친밀한 관계였습니다. 그런데 사람이 죄를 짓자 하나님과 사람 사이에 커다란 구덩이가 생기고 금이 가버렸습니다.

그래서 사람이 하나님께 갈래야 갈수가 없고, 완전히 길이 막혀 버렸지만 예수님께서 오심으로 죄인인 사람이 하나님께로 갈 수 있게 되었습니다. 예수님이 십자가에서 죽으심으로 사람이 하나님께로 갈 수 있는 다리가 되신 것입니다.

"내가 곧 길이요 진리요 생명이니", "나로 말미암지 않고는" 하신 말씀처럼 예수님을 통하지 않고는, 예수님이라는 다리를 거치지 않고는 하나님 아버지께, 천국으로 갈 자가 없는 것입니다. 예수 이름 외에는 우리에게 구원을 준 다른 이름이 없습니다.

사도행전 4:12

다른 이로써는 구원을 얻을 수 없나니 천하 인간에 구원을 얻을 만한 다른 이름을 우리에게 주신 일이 없음이니라 하였더라

예수님이 유일한 방법이고 길이십니다.

2. 예수님을 (믿음)으로 의인이 됩니다

1) 아브라함은 하나님을 (믿음)으로 의인이 되었습니다.

아브라함은 우상숭배를 하도록 만드는 직업으로 우상 제작하는 일을 했으므로 하나님께서 가장 싫어하는 죄를 지었고 삶 속에도 죄가 많이 있었습니다. 이런 아브라함이 하나님을 믿으니 의인이 되었습니다. 의인이 되었다는 말은 의로 여기시고, 의로 여겨진 바 되었다는 말입니다.

창세기 15:6

아브람이 여호와를 믿으니 여호와께서 이를 그의 의로 여기시고

"여기다"라는 말은 히브리어로 "하샤브"입니다. 판단을 내려주다, 간주해주다 라는 말입니다. 다시 말하면 아브라함은 죄인이었습니다. 행동으로 죄는 똑같이 짓고 있었지만 하나님을 믿었기 때문에 하나님이 의인으로 여겨 의인으로 인정해주셨습니다. "이를"이란 하나님을 믿은 것 때문에 하

나님이 의인으로 여겨주고 의인으로 인정해주셨다는 것입니다.

로마서 4:2

만일 아브라함이 행위로써 의롭다 하심을 얻었으면 자랑할 것이 있으려니와 하나님 앞에서는 없느니라

만약에 아브라함이 행위로써 의롭다 함을 얻었으면 자랑할 것이 있었을 것입니다. 그러나 태어나서 죽을 때까지 아브라함이 행동으로 죄를 하나도 안 지었을까요? 그러면 아브라함이 자랑할 만할 것입니다. 그러나 아브라함뿐만 아니라 그런 사람은 아무도 없습니다.

로마서 4:3

성경이 무엇을 말하느냐 아브라함이 하나님을 믿으매 그것이 그에게 의로 여기신 바 되었느니라

"믿으매", "이것이", "의로 여기신 바"는 의인이 되었다는 말입니다. "이것이"는 아브라함이 하나님을 믿으니 그 믿은 것 때문에 하나님이 의인으로 인정해주고 의인으로 여겨주었다는 말입니다. 아브라함은 직업이 우상조각을 만들어 파는 사람이었습니다. 다시 말하면, 우상 숭배자였고 우상을 숭배하도록 만드는 하나님이 제일 싫어하는 죄인이었습니다. 그럼에도 불구하고 하나님을 믿으니 그 믿은 것 때문에 하나님이 의인이라 하신 것입니다.

그러면 구약시대에는 하나님을 믿음으로 의인이 되었는데 지금 우리가 살고 있는 시대는 어떻게 의인이 될 수 있을까요?

2) 예수님을 (믿음)으로 의인이 됩니다.

로마서 3:22

곧 예수 그리스도를 믿음으로 말미암아 모든 믿는 자에게 미치는 하나님
의 의니 차별이 없느니라

로마서 3:23-24

모든 사람이 죄를 범하였으매 하나님의 영광에 이르지 못하더니 그리스
도 예수 안에 있는 속량으로 말미암아 하나님의 은혜로 값 없이 의롭다
하심을 얻은 자 되었느니라

"모든 믿는 자", "미치는 하나님의 의", "차별이 없느니라"는 예수만 믿으
면 모든 믿는 자가 차별 대우 없이 의인이 된단 말입니다. 여기 "미치는
하나님의 의"는 모든 믿는 자는 차별 대우 없이 그 사람에게 하나님의 의
가 하늘에서 내려와 하나님의 의가 임한다는 것입니다. 누구든지 예수만
믿으면 죄가 아무리 많다 해도 차별 없이 그 사람에게 하나님의 의가 임
합니다.

어떤 사람은 강간을 하고 살인을 행한 죄인입니다. 그것에 비해 어쩌면 나
는 거짓말밖에 안 했습니다. 그래서 나는 죄가 좀 작은 줄 알고 이 정도쯤
은 죄로 여기지도 않습니다. 그러나 하나님 앞에서는 큰 죄나 작은 죄나
다 마찬가지입니다. '새 가족의 삶' 공부를 함께 하다보면 죄에 대한 질문
이 나옵니다.

"목사님, 저는 사람을 죽이지도 않았고, 사기를 친 적도 없는데 제가 왜 저
사람들과 똑같은 죄인입니까?"

이와 같은 질문을 하는 본인이 성인군자는 아닐지 몰라도 적어도 뉴스에 나오는 잔혹한 살인마들보다는 나쁜 사람이 아니라는 것입니다.

예를 하나 들어봅시다.

제가 여러분에게 물 한 잔을 줬는데 그 물에 스포이트로 오줌 한 방울을 넣어 "이 물을 마시겠습니까?"라는 질문을 하면 다들 마시지 않는다고 할 것입니다. 고작 '한 방울' 밖에 넣지 않았는데도 우리는 그 물이 더럽기 때문에 마시지 않습니다. 오줌이 가득 차 있는 컵이나 오줌 한 방울이 들어 있는 물이나 우리는 그것이 더럽기 때문에 마시지 않듯, 하나님은 100퍼센트 완전한 선이시기 때문에 100가지 죄를 가지고 있는 자나 10가지 죄를 가지고 있는 자나 그 죄는 하나님이 보실 때는 도토리 키 재기인 것입니다. 모든 사람은 다 죄를 지었고 죄인인 것입니다. 어떤 죄인이든 관계없이 예수 믿는 순간에 모든 믿는 자는 차별 없이 하나님의 의가 임하여 의인이 됩니다.

3) 의인이 되는 (방법)은 무엇일까요?

이 세상에 율법을 다 지킬 수 있는 사람은 아무도 없습니다. 그런데 사람들은 남보다 더 착하게 살았다고, 말씀대로 살았다고, 상대적인 의로 의롭다고 생각합니다. 그러나 의인될 사람은 없다고 말씀하셨습니다.

로마서 3:26-28

곧 이 때에 자기의 의로우심을 나타내사 자기도 의로우시며 또한 예수 믿는 자를 의롭다 하려 하심이라 그런즉 자랑할 데가 어디냐 있을 수가 없느니라 무슨 법으로냐 행위로냐 아니라 오직 믿음의 법으로니라 그러

므로 사람이 의롭다 하심을 얻는 것은 율법의 행위에 있지 않고 믿음으로 되는 줄 우리가 인정하노라

로마서 3:26

곧 이 때에 자기의 의로우심을 나타내사 자기도 의로우시며 또한 예수 믿는 자를 의롭다 하려 하심이니라

"자기"란 예수님을 말합니다. 예수님은 죄가 없기 때문에 성경은 예수님은 의롭다 했습니다. 그런데 "예수 믿는 자를 의롭다 하려 하심이니라"라는 놀라운 비밀을 우리에게 말하고 있습니다.

로마서 3:27

그런즉 자랑할 데가 어디뇨 있을 수가 없느니라 무슨 법으로냐 행위로냐 아니라 오직 믿음의 법으로니라

'오직'이란 말은 Only, 단지, 유일한, 이것 밖에 없음 이라는 뜻입니다. 오직 예수를 믿어야 의인이 된다는 믿음의 법으로만 의인이 된다는 말입니다. 행위의 법으로는 의인될 사람이 없습니다.

그러므로 "사람이 의롭다 하심을 얻는 것은 율법의 행위에 있지 않고 믿음으로 되는 줄 우리가 인정하노라"(28절)에서 '그러므로'라는 말은 로마서 3장을 읽어보면 '결론적으로'라는 말이 됩니다.

결론적으로 사람이 의롭다 하심을 얻는 방법은 "율법의 행위에 있지 않고", "믿음으로 되는 줄 우리가 인정하노라"하는 것입니다. 율법은 성경입니다. 사람들 중에 성경인 율법을 완벽하게 다 지키는 사람이 있을까요? 없습니다.

사람들은 남보다 착하게 살고 좋은 일을 많이 했거나 다른 사람보다 율법을 좀 더 많이 지켰다는 비교로 자기가 의인인줄 착각합니다. 율법으로는 의인이 될 수 없습니다. 다 지킬 수 없습니다. 태어나서 죽을 때까지 죄를 한 번도 안 지어 의인될 사람은 없습니다. 자신이 자신을 생각해 봐도 행동으로나 율법을 지킴으로 의인이 될 수 없는 것을 인정할 것입니다.

오직 예수님을 믿음으로써 의인이 됩니다.

성경의 예를 살펴봅시다.

출애굽기는 40장으로 구성되어 있고 이스라엘 민족이 애굽을 탈출한 기록입니다. 애굽은 오늘날 이집트입니다. 이집트 나라에 바로(파라오)라는 왕이 있었습니다. 그리고 이스라엘에는 지도자 모세가 있었습니다. 일본이 우리나라를 36년 동안 종노릇시킨 것처럼 이집트가 이스라엘을 400~430년 정도를 노예생활을 시켰습니다. 우리나라보다 10배나 속국으로 고생하면서 살았던 것입니다. 속국도 아닌 이집트의 노예로 살았습니다. 그러다 하나님이 430년 만에 이집트에서 이스라엘 백성들을 노예생활에서 해방시키셨습니다. 이를 위해 하나님이 모세에게 바로 왕에게 가서 "하나님이 이스라엘 백성들을 해방시켜주기로 했다."라고 말할 것을 말씀하셨습니다. 그래서 모세가 바로 왕에게 갑니다. 하지만, 세계 최강국의 왕인 바로는 모세의 말을 듣지 않습니다. 그래서 하나님이 애굽에 재앙을 내리십니다.

첫 번째 재앙은 이집트의 젖줄이라고 할 수 있는 나일 강뿐만 아니라 애굽 전역의 모든 물을 피로 변하게 한 것입니다. 모든 물은 모두 피가 되어 땅을 파면 피가 나오고, 강물이 피가 되어 먹고 마실 물이 없었습니다. 이때 비로소 바로 왕이 해방시켜 줄 것을 약속했지만 모세가 기도로 피가 물로 다시 변하게 하자 그 약속을 지키지 않았습니다.

두 번째 재앙, 세 번째 재앙, 아홉 번째의 재앙을 하나님이 계속 내리셨습니다. 그때까지도 바로는 재앙이 내릴 때는 해방을 약속하지만 결코 약속을 지키지 않았습니다. 200만 명이나 되는 최하계층이 싹 빠져나가면 노동자가 없어지는 것이며 그러면 경제가 어려워져 나라에 위협이 된다고 생각했기 때문입니다.

그래서 하나님은 열 번째 재앙을 내리십니다. 열 번째 재앙은 이집트 전역에 사람이나 짐승 중에 가장 먼저 난 장자를 죽이는 무시무시한 재앙입니다. 집집마다 초상을 면하지 못할 것이며 이집트 왕 바로의 아들 왕자도 죽음을 면하지 못합니다.

이 열 번째 마지막 재앙을 내리기 전에 하나님이 모세를 불러 "모세야. 오늘 밤에 죽음의 사자를 보낸다. 이 죽음의 사자는 애굽 전역을 돌아다니면서 장자를 다 죽일 것인데 대문 밖 문설주와 인방에 어린 양을 잡아서 양의 피를 발라놓아라. 양의 피가 발린 집은 죽음의 사자가 통과해 죽음을 면할 것이다. 그러나 양의 피가 안 발린 집은 장자의 죽음을 면치 못할 것이다. 그러니 너는 이스라엘 족장, 장로들을 불러 빨리 이 소식을 전하라. 집안에서 밤새도록 꼼짝하지 말고 밖으로 나가지 마라. 그리고 집안에서는 떠날 짐을 챙겨라." 이렇게 지시하셨습니다.

이 사실을 모세는 대표들에게 지시하자 이스라엘 전역에 소문이 퍼져 이스라엘 사람들이 준비를 합니다.

▶▶▶ 출애굽기 40장 요약 : 애굽(이집트) → 바로, 이스라엘(430년간 노예생활) → 모세
해방(10가지 재앙) : 바로는 9번이나 거짓말 → 10
번째 재앙(사람, 짐승의 처음 난 장자의 죽음)
죽음을 면하는 방법 : 양을 잡아 문설주에 피를 바
름 → 죽음의 사자가 넘어감 → 이스라엘의 모든
대표들에게 알려라!

그림설명

① 이스라엘 사람 : 문설주에 피를 바름.

② 애굽 사람 : 문설주에 피를 바르지 않음.

③ 이스라엘 사람 : 문설주에 피가 있음 . 부모는 기뻐하는데 바로가 또 거짓말 하는 것이다 하여 자녀들은 불신.

④ 애굽 사람 : 소문을 듣거나 이스라엘 사람들이 하는 것을 보고 문설주에 피를 바름. 가족들이 집 안으로 모임.

⑤ 이스라엘 사람 : 양 잡을 돈도 없고, 피 바른다고 살고, 안 바른다고 죽겠나?? 하고 그냥 짐만 싸고 기다림

죽음을 면하는 사람은 누구일까요?

죄의 유무, 의심, 불신, 애굽인, 이스라엘인 그 아무것도 상관없습니다. 문설주에 피를 발랐느냐 바르지 안 않았느냐에 따라 죽음이 결정됩니다. 구원의 조건은 어린 양 예수 그리스도의 피 안에 있는 것입니다.

창세기 노아시대에 구원의 조건은 배를 타야 하는 것이었습니다. 하나님의 구원의 기준에 맞아야 구원을 받습니다.

첫째, 그날 밤에 하나님 말씀대로 이스라엘 사람들이 양을 잡아서 피를 발

라놓았습니다. 그런데 집안에서 짐을 챙기다 부인은 무거운데 뭐 하러 가져 가냐고 하고 남편은 아깝다고 가져가자고 하며 말싸움하다가 남편이 홧김에 칼로 부인을 찔러 죽여 버렸습니다. 살인사건이 벌어진 것입니다. 아들 둘이 왜 우리 엄마를 죽였냐고 아버지를 때립니다.

둘째, 이스라엘 사람이 양의 피를 문설주에 발라놓고 노예에서 해방되어 내일 아침이면 고향으로 돌아갈 생각에 신이나 짐을 챙기는데, 아들들은 돕지 않았습니다. 아홉 번이나 보내준다 했다가 안 보내줬는데 보따리 싸고 짐 챙겨봐야 내일 바로 왕이 또 안 보내주면 다시 짐 정리하느라 고생만 하니 보따리 쌀 거 없다고, 짐 싸지 말라고 아버지한테 대들기만 합니다.

셋째, 이스라엘 사람입니다. 피를 발라야 장자 죽음을 면한다는 소식을 듣고 우리 같은 노예가 돈이 어디 있어 양을 잡을 수 있냐고 설마 피 바른다고 살고, 피 안 바른다고 죽겠냐며 피는 바르지 않고 집안에서 보따리만 쌌습니다.

넷째, 애굽 사람입니다. 애굽 사람은 집집마다 이스라엘 사람들이 벌겋게 피를 칠해 이상히 여겨 왜 대문마다 피를 발랐는지 물어봅니다. 자기를 종이라고 무시하고 학대하고 괴롭혔으니 '오늘 밤에 네 아들 죽어봐라.'하는 마음으로 피 바른 이유를 안 가르쳐 주는데 다른 어떤 한 이스라엘 사람이 하나님이 죽음의 사자를 보내서 장자들을 다 죽이는 재앙을 내리셨는데 양의 피를 바른 집은 통과하고 안 그런 집은 다 장자의 죽임을 면하지 못한다는 사실을 알려줍니다. 이 말을 듣고 애굽 사람은 갈등하다 양을 잡아 피를 바르고 가족들을 밖에 나가지 못하도록 했습니다.

과연 어떤 집이 장자의 죽음을 면했을까요?

죄가 있고 없고가, 믿음이 있고 없고가, 어느 나라 사람인가가 중요하지 않습니다. 오직 하나님의 말씀대로 양의 피를 발랐는가 바르지 않았는가가 장자의 죽음을 결정합니다. 이 피는 오늘날 십자가를 지고 가는 하나님의 어린양 예수님의 피입니다. 어린양 예수는 우리의 죄를 대신 짊어지고 피 흘려 죽으셨습니다. 현재를 살아가는 우리들은 예수의 피 안에 있으면 살고 예수의 피 밖에 있으면 죽습니다. 다시 말해 예수의 피를 믿으면 구원받고 아니면 멸망받습니다. 죄를 많이 지었는가 적게 지었는가는 중요하지 않습니다. 좀 더 확실히 믿느냐, 의심하느냐 하는 것도 중요하지 않습니다. 황인종이냐, 백인종이냐, 흑인종이냐 하는 것도 중요하지 않습니다. 중요한 것은 어린양 예수의 피 안에 있느냐, 피 밖에 있느냐 입니다. 그것이 죄인과 의인, 구원과 멸망의 기준이라는 것입니다. 이것 외에는 아무 것도 없습니다.

노아시대에 홍수로 사람을 멸하는 사건이 있었습니다. 하나님이 정한 구원의 기준은 방주를 만들어 배를 타면 살고 안 타면 죽는 것이었습니다. 죄를 지었는가 안 지었는가, 착하게 살았는가, 악하게 살았는가, 하나님께 제사를 했는가, 안 했는가는 전혀 관계가 없었습니다. 그래서 배에 탄 사람은 다 살았고 안 탄 사람은 다 죽었습니다. 이것이 구원의 기준이었습니다.

그림설명
우산 밖 → 예수 그리스도 보혈의 피 밖 (죄가 있는 그대로 다 보임)
우산 안 → 예수 그리스도 보혈의 피 안 (죄가 안 보이고 예수 그리스도의 피가
　　　　　　보임)

우산 비유 그림에서 보듯이 비는 골고루 공평하게 모두에게 내립니다. 그러나 비를 맞지 않는 이유는 우산 안에 서 있기 때문입니다. 그 이유밖에 없습니다. 위에서 보면 우산 밖에 있는 사람은 직통으로 보입니다. 그런데 우산 안에 있는 사람은 우산 아래 있기 때문에 우산을 뚫고 나서야 보입니다. 그 차이입니다.

우산은 예수님의 피입니다. 하나님이 위에서 내려다보실 때 우산 안에 있는 사람은 우리의 죄를 대신 지신 예수님의 희생의 대가로 덮여 있기 때문에 죄가 보이지 않는 것입니다. 예수님을 믿는 순간 어린양 예수의 피 안에 들어가 구원을 받습니다. 나의 위치가 어디에 있느냐에 따라 구원과 멸망, 천국과 지옥, 의인과 죄인을 결정합니다. 예수님을 믿고 의인이 되어야 천국에 들어갑니다.

4) 의인이 되는 방법이 (아닌) 것과 의인되는 방법인 것은 무엇일까요?

앞에 그림에서 죄 때문에 사람들이 하나님이 계신 천국에 아무도 갈 수가 없었습니다. 그런데 다리가 놓였다고 했습니다.

로마서 3:23-24

> 모든 사람이 죄를 범하였으매 하나님의 영광에 이르지 못하더니 그리스도 예수 안에 있는 구속으로 말미암아 하나님의 은혜로 값없이 의롭다 하심을 얻은 자 되었느니라

의롭다 함을 얻었다는 말은 의인이 되었다는 말입니다. 그런데 의인이 된 것은 구속으로 말미암음인데 이 '구속'이란 예수님이 십자가에 죽으면서 우리의 죄를 속했다는 말입니다. 죄를 속하고 우리를 구원했단 말입니다. 예수님만 믿으면 죄가 다 속해져서 의롭다 함을 얻는 것입니다. 그래서 우리는 예수님을 믿음으로 의인이 됩니다.

갈라디아서 2:16

> 사람이 의롭게 되는 것은 율법의 행위로 말미암음이 아니요 오직 예수 그리스도를 믿음으로 말미암는 줄 알므로 우리도 그리스도 예수를 믿나니 이는 우리가 율법의 행위로써가 아니고 그리스도를 믿음으로써 의롭다 함을 얻으려 함이라 율법의 행위로써는 의롭다 함을 얻을 육체가 없느니라

"사람이 의롭게 되는 것은…"은 우리가 알아야 할 핵심입니다. 먼저 의인이 되지 못하는 이유들을 위 말씀에서 찾아봅시다.

첫째, "율법의 행위에서 난 것이 아니요"

둘째, "우리가 율법의 행위로써가 아니고"

셋째, "율법의 행위로써는 의롭다 함을 얻을 육체가 없느니라"

행위, 행동으로는 죄를 짓지 않아 의인이 될 사람은 없습니다. 그럼 의인
되는 방법을 말씀에서 찾아봅시다.

첫째, "오직 예수 그리스도를 믿음으로"

둘째, "우리도 그리스도 예수를 믿나니"

셋째, "그리스도를 믿음으로써 의롭다 함을 얻으려 함이라"

세 번이나 강조하며 성경은 우리에게 말씀해주고 있습니다. 오직, 단지,
유일하게 예수를 믿음으로 의인이 된다고 말씀하고 있습니다. 오직 예수
님을 믿는 것 외에는 의인이 될 수 있는 방법이 없습니다.

3. 예수님을 믿으면 (의인)이 되는 이유는 무엇일까요?

예수님을 믿으면 믿는 순간 태어나면서부터 죽을 때까지 지은 죄가 다 용
서 받게 됩니다.

사도행전 10:43

그에 대하여 모든 선지자도 증언하되 그를 믿는 사람들이 다 그의 이름
을 힘입어 죄 사함을 받는다 하였느니라

에베소서 1:7

우리는 그리스도 안에서 그의 은혜의 풍성함을 따라 그의 피로 말미암아 속량 곧 죄 사함을 받았느니라

1) 예수 믿는 순간 일어나는 기적은 무엇입니까? (죄사함)을 받습니다.

2) 태어나서 죽을 때까지의 죄가 다 (사함)을 받는다면 죄인입니까? 의인입니까? (의인)

4. 예수님을 믿는 순간 죄 사함을 받는 이유는 무엇일까요?

고린도후서 5:21

하나님이 죄를 알지도 못하신 자로 우리를 대신하여 죄를 삼으신 것은 우리로 하여금 저의 안에서 하나님의 의가 되게 하려 하심이니라

"죄를 알지도 못하신 자"는 누구일까요? 예수님이십니다. 죄가 없으신 예수님이 "우리를" "대신하여" "하나님의 의가 되게 하려," 하셨습니다. 하나님이 죄를 전혀 짓지 않은 예수님을 우리의 죄 때문에 대신하여 죄를 삼아 죽였다는 것입니다.

우리를 의인되게 하려고 하심은 죄의 문제를 해결 받고 의인이 되어 천국에 갈 수 있도록 하기 위해서입니다. 이 말은 사람들이 잘못한 일에 벌을 전혀 받지 않고 죄 없으신 예수님이 대신 벌을 받았다는 말입니다. 죄의

대가로 형벌을 받아야 되는데 죄인인 나는 멀쩡히 살아 있는 것입니다. 내 죄를 예수님이 대신 지셨기 때문에 예수님을 믿으면 죄가 사해져서 의인이 됩니다.

1) 예수님을 믿는 순간 죄 사함을 받는 이유는 예수님께서 (대신) 하셨기 때문입니다.

2) 예수님께서 대신 하셨다 함은 내가 한 것과 똑같은 (효과)가 있다는 것입니다.

어떤 자식이 2억의 빚을 져 빚 독촉으로 죽을 지경입니다. 이 사실을 알게 된 부모님이 빚을 대신 값아 주었습니다. 이제는 이 사람은 더 이상 빚쟁이가 아닙니다. 대신 한 것도 똑같은 효과가 있기 때문입니다.

다른 예로 재미있는 영화가 나왔으니 보러 가자 해서 영화관에 갔는데 보러가자고 한 친구가 표 값을 다 지불해서 나는 공짜로 영화를 보게 되었습니다. 대신 지불된 값의 영화를 보기만 하면 됩니다. 이 같이 값을 치른 것에는 똑같은 효과가 있습니다. 우리의 죄가 순식간에 사라진 것은 예수님이 우리의 죄를 대신 짊어지시고 죽으셨기 때문입니다.

이사야 53:6

우리는 다 양 같아서 그릇 행하며 각기 제 길로 갔거늘 여호와께서는 우리 무리의 죄악을 그에게 담당시키셨도다 우리는 다 양 같아서 잘못을 하며 죄 짓고 자기 멋대로 살아갑니다. 그런데 하나님께서는 우리 무리의 죄악을 묻지 않으시고 예수님을 대신 십자가에 죽게 하여 우리 죄를 담당시켰습니다. 우리가 죄를 지었으면 우리가 죽는 것이 마땅한데 우리는 살고 우리 대신 예수님이 죽으셨습니다. 그러나 6절만 보면 담당시켰다고 하니까 하나님이 예수님을 강제로 죽인 것 같습니다. 11절 말씀도 보십시오.

이사야 53:11

그가 자기 영혼의 수고한 것을 보고 만족하게 여길 것이라 나의 의로운 종이 자기 지식으로 많은 사람을 의롭게 하며 또 그들의 죄악을 친히 담당하리로다

'그가'는 예수님입니다. 예수님이 이 땅에 오시기 전, 700~800년 전에 이미 예언된 말씀입니다. "자기 영혼의 수고한 것을 보고 만족하게 여길 것이라" 이 말은 십자가에 죽는 것을 말합니다. '나의 의로운 종이' 이것도 예수님을 가리킵니다. 예수님이 "자기 지식으로 많은 사람을 의롭게 하며", "그들의 죄악을 친히 담당하리로다." 예수님이 이 땅에 오셔서 인간의 죄악을 친히 담당하여 대신 죽고 사람들을 의롭게 하셨습니다. 예수님이 친히 담당하셨던 것입니다.

하나님이 죄 없는 사람 중에 사람의 죄를 위해 누군가가 대신 죽기를 원했지만 사람 중에서는 죄 없는 사람이 없었습니다. 그래서 예수님이 사람의 아들로 이 땅에 오셔서, 자원해서 사람의 모든 죄악을 담당하여 죽으심으로 예수 믿는 자는 의인되게 하셨습니다.

5. 예수님을 믿는다는 것은 무엇을 믿는다는 것일까요?

죄인은 지옥에 의인은 천국에 갑니다. 의인이 되는 방법은 두 가지라고 했습니다.

첫째, 죄가 하나도 없어야 합니다. 그러나 불가능하다는 것을 인정하게 될 것입니다.

둘째, 유일한 방법은 예수님을 믿는 것입니다. 예수님께서 우리의 죄를 대신 지시고 죽으셨으므로 예수님을 믿는 순간 죄사함을 받는 것입니다.

사람들은 "무엇을 믿는가?"하는 질문에 "교회 다닙니다."라고 대답합니다. 이것은 틀린 대답입니다. "예수님을 믿습니다."라고 대답해야 합니다. "교회 다닌다."는 "교회 출석하는가"라고 물었을 때의 대답인 것입니다. 또 "예수님의 무엇을 믿습니까?" 라고 질문하면 대답을 못합니다.

예수님을 무조건 맹목적으로 믿기보다는 정확히 알고 믿어야 구원의 확신이 섭니다. 예수님을 믿는 이유 두 가지를 알아봅시다.

1) 예수님이 (어떤 분)인가를 믿는 것입니다.

마태복음 16:16

> 시몬 베드로가 대답하여 이르되 주는 그리스도시요 살아 계신 하나님의 아들이시니이다

예수님이 어떤 분인가를 믿는 것은 예수님의 신분을 믿는다는 것입니다.

육체적으로는 마리아와 요셉의 아들로 태어나셨지만 성경에 성령으로 잉태되어 하나님의 아들로 태어나셨다고 기록하고 있습니다. 예수님을 나의 주인, 신, 하나님의 아들로 믿는 것이 예수님을 믿는 것입니다.

2) 예수님이 (하신 일)을 믿는 것입니다.

예수님께서 하신 일 중 가장 핵심이 되는 사역은 인류의 죄를 용서하시기 위해 십자가에서 죽으시고 사흘 만에 부활하신 것입니다.

고린도전서 15:3-4

> 내가 받은 것을 먼저 너희에게 전하였노니 이는 성경대로 그리스도께서 우리 죄를 위하여 죽으시고 장사 지낸 바 되셨다가 성경대로 사흘 만에 다시 살아나사

예수님이 하신 일이란 예수님의 사역을 말합니다. "우리 죄를 위하여 죽으시고", "사흘 만에 다시 살아나사"는 예수님이 이 땅에 오셔서 하신 제일 중요한 핵심 사역입니다. 인류의 죄를 사하기 위해서, 내 죄를 사하기 위해서 예수님은 십자가에 죽으시고 사흘 만에 살아나신 것입니다. 십자가의 죽음과 부활사역을 감당하셨습니다.

믿음은 인격의 결단입니다. 즉 지, 정, 의의 결단입니다. 무조건 믿기보다는 알고, 깨닫고 받아들임으로 믿어야 더 확실한 믿음이 됩니다. 지성으로 깨달아지고 이해가 되면 감정적으로 감동이 되어 의지적으로 결단해서 믿게 되는 것입니다.

잠자리에 들기 전 내일 아빠의 일터로 함께 갈 것을 허락받은 아들과 아들의 이름을 연신 부르며 자리에 같이 눕는 아빠는 한없이 따뜻하기만 합니다.

다음날 아들은 아빠가 일하는 곳에서 멀리 떨어져 있지 않는 강 아래에서 낚싯대를 던지며 놀고 있었습니다. 다리 위 기계실에서는 아빠가 아들을 한 번씩 내려다보며, 그의 안전을 살피고는 아들을 아주 사랑스런 눈으로 바라봅니다.

기계실 전화를 통해 배가 지나간다는 사인이 들어오면, 아빠는 자연스럽게 레버를 들어 올려 다리를 올리고, 배가 지나갈 수 있게 합니다. 아빠의 직업은 이 개폐식 다리를 기차와 배가 지나갈 수 있게 레버를 올려주는 역할을 하는 관리자인 것입니다.

얼마 후, 멀리서 빠른 속도로 달려오는 기차의 기적소리와 연기... 그러나 기계실 안에서 다른 일을 하는 아버지가 미처 이 일을 알지 못한 채, 긴박한 상황이 벌어지게 되고 어린 아들은 낚시를 하며 놀다가, 아빠보다 먼저 기차가 들어오는 것을 발견합니다.

"아빠, 아빠 기차가 들어와요" 소리쳐 부르지만, 아빠는 듣지 못합니다.

어린 나이에도 위험을 감지한 아들은 자신이 다리 위로 올라가 다리 밑 기계실 레버를 당기기 위해 엎드려 억지로 레버에 손이 닿는 순간 다리 밑 기계 속으로 빨려 들어갔습니다.

한편, 빠른 기적소리를 듣게 된 아버지는 무의식적으로 다리 밑에서 놀고 있는 아들부터 살피지만 이미 사라져 버린 아들의 모습은 보이지 않았습니다. 곧 기차가 들어오면 다리가 내려져야 하고, 그 주변이 위험한 상황이기에 아빠는 긴박하게 아들의 이름을 외쳐 부릅니다.

그러는 사이 기차는 달려오고 신속히 레버를 당겨야 하는 아버지는 사방을 둘러보며 아들을 찾다가, 그만 다리 아래로 떨어져버린 아들의 모습을 보게 됩니다. 너무나 끔직한 일이 아무런 손 쓸 새도 없이 아들과 기차의 상반된 운명이 이 아버지의 손에 달린 운명에 처하게 됩니다.

아버지는 선택해야 했습니다. 아들을 살릴 것인가, 기차에 타고 있는 사람들을 살릴 것인가? 아들을 죽게 내버려둬야 할 것인가, 기차 안에 있는 많은 사람들을 죽게 내버려둘 것인가?
레버를 내리는 순간 아들은 무참히 깔려 죽게 될 것이고 내리지 않으면 아들은 살릴 수 있지만 기차에 탄 수많은 사람은 죽어야 합니다. 아버지는 레버를 내릴까, 말까 고민하고 갈등하며 얼마나 아파했을까요?
그러나 결국 아버지는 기차에 있는 많은 사람을 살리기 위해서 레버를 내렸습니다. 그리고 미친 사람처럼 절규합니다.

전능하신 하나님 아버지께서 왜 예수를 죽게 내버려 둬야만 하셨을까요? 독생자 아들 예수를 살리려면 사람들을 죽게 내버려둬야 하고, 사람들을 살리려면 예수를 죽여야만 했습니다. 관리자인 아버지처럼 아파하고 갈등하며 우리 하나님은 얼마나 오열하며 가슴을 치고 고통스러워 우셨을까요. 마치 미친 사람처럼…

그런데 기차에 탄 많은 사람들은 아무것도 모릅니다. 자기들을 살리기 위해서 누군가 죽었다는 것과 어떻게 죽었는지 왜 저 아버지가 미친 사람처럼 오열하는지 전혀 모릅니다. 자기네들끼리 기차 안에서 그냥 편히 지나가고 있었습니다. 자기들을 살리기 위해서 대신 죽은 그 어마어마한 아들의 희생과 아버지의 고통을 아는 자가 없었습니다.

오늘날 세상 사람들도 하나님 아버지의 눈물을 모릅니다. 예수님의 죽음을 모릅니다. 나 때문에 죽은 분이 있는 줄도 모르고 아들 죽인 하나님 아버지가 있는 줄도 모르고 세상을 살아갑니다. 그러나 우리는 이 사실을 알고 깨닫게 되었으니 얼마나 축복이 되고 감사합니까. 나 대신 죽으신 분! 나를 위해 죽으신 분! 나 때문에 죽으신 분! 내 죄를 대신 하려고 죽으신 분! 그분이 바로 하나님의 아들 예수님이십니다.

> 우리가 아직 죄인 되었을 때에 그리스도께서 우리를 위하여 죽으심으로, 우리에 대한 자기의 사랑을 확증하셨느니라 _로마서 5:8

로마서 3:28
> 그러므로 사람이 의롭다 하심을 얻는 것은 율법의 행위에 있지 않고 믿음으로 되는 줄 우리가 인정하노라

간 증 문

송유미

♦ ♦ ♦

내가 진실로 진실로 너희에게 이르노니 내 말을 듣고 또 나 보내신 이를
믿는 자는 영생을 얻었고 심판에 이르지 아니하나니 사망에서 생명으로
옮겼느니라 _요한복음 5:24

어느 날 문득, 안방 창문 건너편에 빠알갛게 빛나는 십자가가 눈에 들어왔습
니다. 이사 온 지 몇 개월이 지났는데도 그동안은 눈에 들어오지 않았던 십자
가를 바라보면서 갑자기 "엄마가 60세 즈음에 돌아가셨으니 앞으로 내가 최
소한 엄마 나이 때까지 산다고 했을 때 13, 14년은 더 살 수 있을까?" 하는
생각이 들어 순간 엄마도 보고 싶고 살 날이 정해져 있다고 생각하니 눈물이
왈칵 쏟아졌습니다. 삼 남매의 아들들과 남편과 어떻게 이별할 수 있을까!

교회를 찾고 싶어졌습니다. 어느 교회를 가야 할지는 모르겠지만 가야겠다는
생각이 들었습니다. 몇 주 동안 교회 선정으로 고민했고, 2015년 3월 중순경
(날짜 기억이 정확지 않음), 집에서 가깝고 지인이 다니고 있는 교회로 출석
하게 되었습니다. 처음 보는 분들과 축복송을 불러야 했고 축복인사를 나눠
야 했기에 첫날은 참 많이 어색했습니다. 그래서 조용히 있다가 살짝 빠져나
가자고 생각했습니다. 그런데 순간, '여기 오기까지 얼마나 힘들었는데… '하

는 생각과 '참자! 버텨보자! 이 교회는 답을 줄거야.' 하면서 스스로를 달래고 위로하며 1시간의 예배시간을 버텼습니다. 예배가 끝나고 목사님의 기도가 있었습니다. 첫인상이 강렬하면서도 환한 모습의 목사님에 손이 저의 머리 정수리 쪽에 얹어지면서 기도가 시작되었습니다. 뜨거웠습니다. 눈물이 났습니다. '내 마음이 꿰뚫리고 있구나' 하는 생각이 들면서 허전함의 실체가 드러나는 듯했습니다. 목사님은 그동안의 수고와 짐, 외로움과 고독…. 다 내려달라고, 다 내려졌다고 했습니다.

그렇게 교회 출석이 시작되었습니다. '새 가족의 삶' 반에서 매주마다 주어진 과정에 따라 교육을 받았습니다. 시간이 날 때마다 보충할 만한 기독교 서적을 읽으면서, 목사님 말씀을 되새기며, 노트정리도 했습니다. 섭렵한 전공 이론과 성경 말씀을 비교해 보았습니다. 일치하지 않으면 기독교에서 발길을 돌리려고 했습니다. 인간의 심리적 탄생, 인간의 존재성, 인간의 관계성, 인간의 발달성 등등 기가 막히게 맞아떨어졌습니다. 인간의 모든 삶의 원리가 성경 말씀과 일치했습니다. 또 과학이 먼저가 아니라 자연이 먼저라는 것, 성경이 과학이라는 것, 우주는 질서와 조직 속에 움직인다는 것을 충분히 알 것 같았습니다. 특히 인간의 삶의 원리는 예수님의 십자가와 '부활'에 있었습니다. 그것이 진리였습니다. 그동안 힘들었던 외로움, 고독감, 허전함 등은 이미 다 예수님에 십자가의 보혈로 씻겨 나갔는데도 어리석게 붙들고 있었던 결과였고, 너무도 연약한 제가 해결하려고 했던 것에 따른 심판이었습니다.

> 그런즉 누구든지 그리스도 안에 있으면 새로운 피조물이라 이전 것은 지나갔으니 보라 새것이 되었도다 _고린도후서 5:17

5월 1일, '새 가족의 삶' 반 마지막 날. 목사님과 동기들과 예수님을 영접하는 과정에서 잊을 수 없는 놀라운 체험을 했습니다. '죽음'의 검은 막이 부활로 삼켜지면서 엄마, 아버지의 모습이 보였습니다. 화려하진 않았지만 하얀 배경 속에서 하얀 옷차림의 덤덤하면서도 편안한 모습. '저기가 바로 천국이구나, 나중에 나랑도 만날 수 있겠구나' 하는 확신이 들면서 예수님의 모습과 십자가가 가슴에 꽂혔습니다. 온몸이 얼어붙는 것 같았고, 턱도 얼얼했고, 손도 부들부들 떨렸습니다. 그때 목사님께서 어떤 질문을 하셨던 것 같은데 제대로 답도 못했던 기억이 납니다. 그러면서 지금까지의 슬픔, 외로움, 후회, 억울함, 죄스러움, 미안함 등 많은 해로운 감정들이 오롯이 씻겨 나가면서 감사의 눈물이 나왔습니다. 주체할 수가 없었습니다. 정말 뜨겁고 강렬했습니다. 구원과 함께 영원한 주인 자리가 엄마, 아버지에서 하나님으로 바뀌는 순간이었습니다. 바로 그때 무언가 온전히 채워짐을 느꼈습니다. 그때서야 하나님을 온전히 받아들이고 순종해야만 온전히 채워지는 것을 체험했습니다. 삼남매인 지민, 석현, 동현이를 하나님께 내려놓아야겠다는 다짐과 확신을 가졌습니다.

"가장 안전한 주인에게 맡기리라!"

하나님을 주인으로 모시는 순간, 전 하나님의 종이 되었습니다.

"갓 뿌린 싹이긴 하나 순종이라는 거름으로 성장해 가리라. 하나님의 세상에서 큰 재목이 되리라! 지민, 석현, 동현이도 그렇게 키우리라!"

다음날 새벽, 잠자리에서 이상한 경험을 했습니다. 누군가 아주 근엄하면서도 최상의 성우와 같은 울림의 목소리로 "대제사장이 되거라" 하는 음성을 들었습니다. 무슨 소릴까? 그 음성의 역력함은 며칠 동안 갔습니다. 목사님께서는 제사장과 대제사장의 개념에 대해 설명해 주시면서 성전에 부지런히 나오라는 메시지로 해석해 주셨습니다. 그 말씀에 순종해야겠기에 이후 새벽기도와 예배에 충실했습니다. 어느 날 새벽기도에서 '성령의 불꽃을 지펴 달라'는 제목으로 주를 불렀습니다. 잠시 뒤, 눈물이 주체할 수 없이 흐르고 또 흘렀습니다. 그러면서 연구의 지혜와 능력을 달라고, 저의 행보를 지켜주시고 역사하시어 하나님의 목적대로 쓰시는 큰 일꾼으로 세워달라고… 절절하게 하나님께 고했습니다. 그런데 이상한 현상이 벌어졌습니다. 아랫배에서 윗배로 또 가슴으로 목구멍으로 '둥둥둥둥' 북을 치듯 울림과 함께 "더더더더더……"라는 알 수 없는 소리가 튀어나왔습니다. 거북하고 어색했던 그 소리가 저의 입에서 나왔고, 두 손은 꼭 모아 쥔 체 '덜덜덜' 떨고 있었습니다. 이게 뭐지? 성령의 불이 지펴진 건가? 이것이 기도의 응답인가? 감사하고 또 감사하다고 고백했습니다. 20분에서 30분 동안 체험한 현상이었습니다. 참으로 기이했습니다.

이후 전인적치유수양회와 성령대부흥회를 거치면서 "내가 왜, 그리고 어떻게 하여 연속된 도돌이표에서 벗어나지 못하는가?"에 대한 답을 하나님께서 주셨습니다. 바로 내 상처 때문이었습니다. 받은 상처만이 아니라 준 상처 모두가 죄였고, 그 죄 값 때문에 힘들고, 외롭고, 공허했던 것입니다. 이제 저의 죄는 예수님의 보혈로 씻겨 더 이상 많은 죄로 힘들고 고단한 도돌이표의 인생이 아닌 기쁨과 환희의 도돌이표 인생의 기차표를 끊고 신나게 여행하며 나아갈 것입니다.

남편과 시댁 어른들의 108배와 천수경 읽기가 일상적인 환경에서 새신자로의 정착이 녹록지 않은 현실입니다. 또 흔히 먹물 부류에 속해 있는 제가 다소 비현실적이고 비합리적인 것 같은 성경을 의심 없이 받아들이면서 온전히 저의 자아를 내려 놨다는 것은 기적입니다. 그 기적의 출발점은 바로 '새 가족의 삶'반의 "제대로 된 교육과 관리체계"였습니다. 기독교의 기본 진리와 신앙생활의 기초적인 내용을 토대로 양육 받으며 그리스도를 영접하고 구원의 확신을 얻어 제 인생의 아름다운 여정을 신앙 속에서 길을 찾게 해 주었습니다.

새벽기도로 하루를 시작하고, 수요예배로 중간을 점검하고, 주일예배로 한 주를 정리하는 나! 그동안 살아왔던 삶과는 분명 차이가 나고 성과도 다른 것 같습니다. 마음으로 준비된 사람과 아무 준비가 되지 못한 사람의 달음질은 확실하게 차이가 날 것이라 확신합니다. 하나님의 도움의 손길이 뒤를 밀어 주고 있는 사람과 혼자 살아가는 사람의 그 성과는 분명 다를 것입니다.

간증을 쓰면서 지금까지의 교회 출석이 하나님의 계획으로 이루어졌음을 분명히 알게 되었습니다. 많은 이들 앞에서 "그리스도는 내 주인"임을 시인할 수 있게 하신 살아계신 하나님께 감사와 찬양을 드립니다.

● 제5과정 ●

예수님을 믿는
방법을
확인하라

제5과정 예수님을 믿는 방법을 확인하라

서론

1. 예수님을 믿고 구원받는 방법이 아닌 것 두 가지는 무엇일까요?

2. 예수님을 믿고 구원받는 방법 두 가지는 무엇일까요?

3. 예수님을 믿기 위해 필요한 두 가지는 무엇일까요?

4. 구체적으로 예수님을 믿는 방법은 무엇일까요?

5. 예수님을 시인하고 영접함으로 구원받은 성경의 예는 무엇일까요?

6. 구원을 완성하기 위한 하나님과 예수님의 희생을 알아야 합니다.

7. 사람들이 지옥에 가는 이유는 무엇일까요?

8. 초청 질문

9. 영접 기도

과제(간증문 작성)

부록 – 간증문

● 서 론 ●

예수님을 믿는 사람은 죽음이 주는 두려움을 해결할 수 있을 뿐 아니라 죽음을 이길 수 있다고 말씀하고 계십니다. 그 누구도 풀지 못하는 죽음의 문제를 하나님은 성경을 통해 우리에게 말씀하고 계십니다. '예수 그리스도를 믿는 것'이 그 유일한 방법이라고 말씀해주고 있는 것입니다. 그럼 예수님을 믿는 방법이 도대체 무엇일까요?

> 영접하는 자 곧 그 이름을 믿는 자들에게는 하나님의 자녀가 되는 권세를 주셨으니 이는 혈통으로나 육정으로나 사람의 뜻으로 나지 아니하고 오직 하나님께로부터 난 자들이니라 _요 1:12, 13

예수님을 자신의 마음속에 영접하는 것이 곧 예수님을 믿는 것입니다. 이것이 예수님이 우리에게 하신 말씀입니다.

"목사님, 그럼 쉽겠네요."

그렇습니다. 너무 쉽습니다. 구원의 기준과 방법이 어렵다면 사람들이 구원받을 수 없기 때문에 예수님께서는 자신을 마음에 영접하기만 하면 구원받을 수 있는 너무도 쉬운 길을 열어주셨다고 성경을 통해 분명하게 말씀하셨습니다.

볼찌어다 내가 문 밖에 서서 두드리노니 누구든지 내 음성을 듣고 문을 열면 내가 그에게로 들어가 그와 더불어 먹고 그는 나로 더불어 먹으리라 _계 3:20

주님은 언제나 믿지 않는 자들의 마음 문을 노크하고 계십니다. 누구든지 자신에 마음의 문을 열면 예수님이 그 마음 안으로 들어가셔서 그 사람을 구원해 주시겠다는 아주 쉬운 방법을 말씀하셨습니다.

"예수님이 나를 위해 죽으셨구나!"
"예수님이 하나님의 아들이셨구나!"
"나도 그 예수님을 영접하고 내 마음에 모셔 들여 죽음의 문제를 해결하고 영원히 사는 천국의 주인공이 되고 싶다."

라고 고백을 드리십시오. 하나님이 여러분을 부르시고, 여러분을 초청하십니다.

제5과정 | 예수님을 믿는 방법을 확인하라

▶▶▶ • 복습 : 믿음 = 인격의 결단 (인격 = 지, 정, 의) / 죄인 → 지옥, 의인 → 천국 (죄인
은 천국 갈 수 없음)

• 죄인이 천국 갈 수 있는 방법 두 가지 방법은?
   1) 죄를 하나도 안 짓는다. 그러나 불가능.
   2) 유일한 방법 (1) 예수님을 믿어 의인이 된다.
            (2) 예수님을 믿으면 의인이 되는 이유는 예수님께서 대신 죄의 형
                벌을 받으셨기 때문에 예수님을 믿는 순간 모든 죄가 사해지는
                것이다.
            (3) 예수님을 믿으면 왜 죄가 다 사해지는가? 죄의 형벌을 대신 지
                셨기 때문이다. → 똑같은 효력

• 예수님을 믿는 다는 것은?
   1) 예수님께서 하나님의 아들이요, 신이심을 믿는 것이다.
   2) 예수님께서 하신 일을 믿는 것이다.

1. 예수님을 믿고 구원받는 방법이 아닌 것 두 가지는 무엇일까요?

(너희에게서 난 것이 아니요), (행위에서 난 것이 아니요)

이 두 가지는 절대로 구원의 방법이 될 수 없습니다. 예배, 전도, 기도, 헌금, 충성을 한다고 해도 구원받지 못하며 선행, 구제, 좋은 일, 착한 일을 많이 한다고 해도 구원받지 못합니다. 예수 믿고 구원받는 방법이 아닌 것으로 구원받으려고 평생 노력한다고 해도 영원한 헛수고입니다.

에베소서 2:8-9

너희는 그 은혜에 의하여 믿음으로 말미암아 구원을 받았으니 이것은 너희에게서 난 것이 아니요 하나님의 선물이라 행위에서 난 것이 아니니 이는 누구든지 자랑하지 못하게 함이라

첫 번째, 너희(우리 자신)에게서 난 것이 아니라고 합니다. 이 말은 예배 잘 드리고, 교회 잘 다니고, 전도 잘하고, 기도 잘하고, 헌금 잘하는 등등으로 내가 무엇인가에 충성하고 교회에 무엇인가를 해도 구원받을 수 없다는 말입니다.

두 번째, 행위에서 난 것이 아닙니다. 선행을 하고, 구제를 하고, 남을 돕고, 좋은 일 또는 착한 일을 많이 하는 등 행동을 잘한다고 해도 구원받을 수 없다는 것입니다.

2. 예수님을 믿고 구원받는 방법 두 가지는 무엇일까요?
(은혜), (선물)

은혜는 공짜입니다. 혜택을 받는 것입니다. 대가가 없습니다. 생일 선물을 해주고 내 생일 때 되갚으라고 한다면 그것은 선물이 아닙니다. 구원은 내 노력으로 받지 못합니다. 전적인 하나님의 은혜인 것입니다. 행위로 구원받을 자가 있다면 예수님께서 이 땅에 오셔서 죽으실 필요가 없었습니다.

첫 번째, 은혜로 인하여 믿음으로 말미암아 구원을 얻습니다.

두 번째, 행위에서 난 것이 아니라 하나님의 선물입니다. 이는 누구든지 자랑치 못하게 함입니다. 다른 사람에게 은혜를 받았다는 것은 은혜를 공짜로 받은 것입니다. 예수 믿고 구원받는 방법은 공짜입니다. 은혜의 선물로서 값없이 주어지는 것입니다. 그냥 하나님의 은혜를 공짜로 값없이 받으면 되는 것입니다.

종교개혁가 마틴 루터가 "우리의 행위는 구원의 결과이지 절대로 우리 행위가 구원의 조건이 될 수 없다."라고 말했습니다. 이것은 우리가 행위를 잘하거나, 교회를 다니고 있다거나, 예배를 드렸다고 해서 구원받는 것이 아니라 구원을 받은 결과로 행위가 좋아졌다는 것입니다. 결코 내가 행위를 잘했기 때문에 구원받지 않습니다. 우리가 행위를 잘해서 구원받을 수 있었다면 예수님이 이 땅에 오셔서 죽을 이유가 없었습니다. 절대 행위가 구원의 조건이 될 수 없습니다.

3. 예수님을 믿기 위해 필요한 두 가지는 무엇일까요?

1) (말씀)을 들어야 합니다.

로마서 10:17
> 그러므로 믿음은 들음에서 나며 들음은 그리스도의 말씀으로 말미암았느니라

예수님을 믿게 하기 위해 역사하는 두 가지는 첫 번째, 말씀입니다. 로마서 10장 17절에 "그러므로 믿음은 들음에서 남이요 들음은 그리스도의 말씀으로 말미암았느니라."라고 했습니다. 믿음은 그냥 생겨지는 것이 아니라 하나님의 말씀을 들을 때 생깁니다. 아프리카 오지와 같은 선교지에 선교를 할 때 제일 먼저 성경 번역 선교사가 갑니다. 그 나라 언어로 성경을 번역해 성경을 들고 들어가는 것입니다. 그들이 말씀을 듣고 배움을 통해 믿음을 가질 수 있기 때문입니다. 말씀이 가장 중요합니다.

2) (성령님)의 역사가 있어야 합니다.

고린도전서 12:3
> 그러므로 내가 너희에게 알리노니 하나님의 영으로 말하는 자는 누구든지 예수를 저주할 자라 하지 아니하고 또 성령으로 아니하고는 누구든지 예수를 주시라 할 수 없느니라

성령님께서 역사하셔야 믿음이 생깁니다. 성령으로 아니하고는 누구든지 예수를 주라 말할 수 없습니다. 여러분이 예수님을 주님으로 고백할 수 있는 것은 성령님께서 내 마음에 그렇게 믿어지도록 하셨기 때문에 고백할 수 있는 것입니다.

4. 구체적으로 예수님을 믿는 방법은 무엇일까요?

1) 예수님을 (시인)하는 것입니다.

예수님을 내 인생의 주인으로, 하나님의 아들로, 신으로, 말하고 고백하고 표현해야 하며 예수님께서 나를 위해 십자가에서 죽으시고 삼 일 만에 다시 살아나셨음을 고백하고 표현해야 합니다. 예수님의 신분과 사역을 머리로 깨달아서는 구원받지 못합니다. 마음으로 받아들인 것 만으로도 구원받지 못합니다. 반드시 입으로 시인해야 구원에 이릅니다.

로마서 10:9-10

> 네가 만일 네 입으로 예수를 주로 시인하며 또 하나님께서 그를 죽은 자 가운데서 살리신 것을 네 마음에 믿으면 구원을 받으리라 사람이 마음으로 믿어 의에 이르고 입으로 시인하여 구원에 이르느니라

시인이란 '말한다.' '고백한다.' '표현한다.'란 말이고 주란 '퀴리오스인'이라는 말인데 주인, 하나님의 아들, 신이란 뜻입니다. 예수님을 하나님의 아들, 신으로 고백해야 합니다. 예수님이 마리아와 요셉의 아들이고, 4대 성

인 중에 한 명인 줄로만 알아서는 안 됩니다. 머리로만 이해하고 마음으로만 믿어서는 안 됩니다. 반드시 입으로 시인해야 합니다.

예수님이 십자가에 죽으시고 사흘 만에 다시 살아나셨음을, 하나님께서 그를 죽은 자 가운데서 살리셨음을 믿어 예수님이 하나님의 아들이시며 신이시고 우리의 죄를 사하시기 위해 십자가에 죽으시고 다시 살아나셨음을 입으로 시인하는 것입니다.

2) 예수님을 (영접)하는 것입니다.

▶▶▶ 1+1=2 → 영접(모셔 들임) = 믿는 것 ⇒ 교회를 다녀도 구원받지 못함. 예배를 드려도 구원받지 못함

▶▶▶ 영접 : 구주로 영접 → 구(구원자), 주(주인, 주님) ➡ 성경은 예수님을 구주라고 함 (진짜 복음)→ 구주로 영접 (진짜 구원)

ㄴ 오늘날 교회가 예수 그리스도를 구원자로만 영접시키고 주인, 주님으로 영접시키지 않음 → 반쪽 복음 – 천국에 못 감. 온전한 구원이 아님

ㄴ 예수님을 영접 : 주인으로 Change → 마음의 왕좌에 예수 그리스도를 앉히고 나는 그 자리에서 내려오는 것

ㄴ 오늘날 예수님을 믿어도 주인 Change가 안 된 사람이 많음 ⇒ 구원자로만 영접, 주인으로 영접하지 않음

그림설명

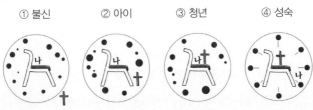

① 불신　　② 아이　　③ 청년　　④ 성숙

요한복음 1:12

> 영접하는 자 곧 그 이름을 믿는 자들에게는 하나님의 자녀가 되는 권세를 주셨으니

예수님을 내 마음에 영접하는 것이 곧 예수님을 믿는 것입니다. 손님이 왔을 때 집 안으로 모셔 들이는 것과 같이 마음속에 예수님을 모셔 들이는 것이 곧 예수님을 영접하는 것입니다.

"오늘날 다윗의 동네에 구주가 나셨느니라."하는 말씀처럼 예수님이 탄생했을 때 예수님을 구주라 했습니다. '구'는 구원자의 약자이고 '주'는 주인 혹은 주님의 약자입니다. 우리 예수님은 구원자인 동시에 주인이십니다. 예수님을 우리 마음에 영접할 때 나의 구원자로도 모셔 들이고, 나의 주인으로도 모셔 들여야 합니다.

그런데 예수님만 믿으면 모든 죄를 용서받고 구원받아 천국 간다는 생각에 예수님을 영접만 했지 주인으로 모시지 않는다면 이것은 반쪽 복음, 싸구려 믿음인 것입니다. 이제 예수님을 당신의 주인으로 모시고 당신이 그분 앞에 엎드려서 주인인 예수님이 원하시는 대로 살아야 합니다. 구원자 예수님은 받아들이고 주인 되신 예수님은 거부한다면 그 사람은 온전한 구원이 이루어질 수 없습니다. 성경에는 예수님을 주로 믿으라고 말씀하셨고, (행 16:31 : 주 예수를 믿으라) 예수님의 주 되신 것을 전파하라고 하셨고, (고후 4:5 : 주되신 것을 전파), 우리의 마음에 예수님을 주로 삼으라고 (벧전 3:15 : 그리스도를 주로 삼아) 말씀하셨습니다.

구원은 주인을 바꾸는 것입니다. 이제까지는 내가 주인이었지만 지금부터는 예수님을 주인으로 모시는 것입니다. 우리 마음속에 있는 왕좌는 주

인이 앉는 자리입니다. 내가 왕 자리에 있고 예수님은 내 마음밖에 있다면 구원자 예수님도, 주인 되신 예수님도 받아들이지 않은 것입니다.

주님을 내 마음에 영접했어도 구석에 모셔놓고 무시한 채 내가 주인자리에 앉아 있다면 가짜 구원인 것입니다. 예수님을 영접했지만 마음 왕좌에 예수님과 내가 동시에 앉아 있다면 온전한 믿음의 사람이 아닙니다. 예수님을 내 마음에 영접할 뿐만 아니라 주인의 자리에 예수님을 앉히고, 나는 그 앞에 무릎을 꿇어야 합니다. 구원자로, 주인으로 모셔야 진정한 구원인 것입니다. 분명히 교회 직분자라 하면서, 교회를 오래 다녔다고 하면서도, 안 믿는 사람과 별반 다를 것이 없거나 더 하다면 사람들은 그것을 보면서 실망하게 될 것입니다. 구원자 예수님을 영접했지만 내가 여전히 주인인 사람은 그렇습니다. 예수님을 구원자와 주인으로 영접하십시오.

병명도 없이 몸이 아픈 어떤 사람이 "신을 받아 봐야 엄마처럼 고생만 한다고 이 길을 가지마"라는 무속인이었던 엄마의 유언을 지키지 못하고 내림굿을 받아 무속인이 되었습니다. 물론 병도 깨끗하게 나았습니다. 내림굿을 통해 자신의 마음을 열고 귀신을 받아들인 것입니다. 아프던 것이 순간 다 나았고, 목소리도 달라졌습니다. 걷지도 못하던 사람이 맨발로 왔다 갔다 하며 처음 보는 사람의 과거를 알아맞힙니다. 그 사람은 자신이 주인이었다가 귀신을 자기 주인으로 모셨기 때문에 주인인 귀신이 알게 해 주어 알아맞히기도 하고, 작두 위에 올라서도 다치지 않는 등 표시가 바로 나는 것입니다.

그런데 참신인 예수님을 받아들이는데 왜 변하지 않는 것일까요? 어떤 사람은 단번에 술, 담배를 다 끊어버리고 직업도 바꿔버리면서까지 달라집니다. 이렇게 예수님을 영접했다고 한꺼번에 180도 달라지진 않더라도 주인이 기뻐하지 않는 것을 조절해야 합니다. 예수님을 영접하면 마음이 달라지고 기분도 달라지고 생각도 달라져야 합니다. 주님을 주인으로 모시면 표시가 나게 되어 있습니다.

로마가 이스라엘을 지배했던 당시에는 예수 믿는 사람을 잡아 죽였습니다. 그런 위기 때에 당시 그리스도인들은 지하 동굴에서 예배를 드렸습니다. 예수 믿는 것이 발각되면 로마황제 "시저 is my lord" 라고 하면 살려주었고 "예수님은 나의 주인입니다." 하면 죽었습니다. 예수님을 주인으로 모셨어도 그냥 눈앞에서 "시저가 나의 주인입니다."라고 빈말일찌라도 하면 살 것을 그들은 빈말로도 그렇게 하지 않았습니다. 다시 말하면, 예수님을 주로 시인하여 구원 얻는다는 말이 그 당시에는 생명과 바꾸는 일이었던 것입니다. 그렇다면 그들은 왜 끝까지 예수님을 부인하지 않았을까요? 무엇이 그들을 죽음조차도 두려워하지 않게 했을까요? 그들의 마음속에 구원자이며 주인되신 예수님을 모셨던 것입니다.

5. 예수님을 시인하고 영접함으로 구원받은 성경의 예는 무엇일까요?

누가복음 23:39-43

달린 행악자 중 하나는 비방하여 이르되 네가 그리스도가 아니냐 너와 우리를 구원하라 하되 하나는 그 사람을 꾸짖어 이르되 네가 동일한 정죄를 받고서도 하나님을 두려워하지 아니하느냐 우리는 우리가 행한 일에 상당한 보응을 받는 것이니 이에 당연하거니와 이 사람이 행한 것은 옳지 않은 것이 없느니라 하고 이르되 예수여 당신의 나라에 임하실 때에 나를 기억하소서 하니 예수께서 이르시되 내가 진실로 네게 이르노니 오늘 네가 나와 함께 낙원에 있으리라 하시니라

예수님을 시인하고 영접하면 구원받는다 했는데 정말 이렇게 쉽게 구원받은 사람이 있을까요?

예수님이 십자가에 달리실 때 좌우에 강도 두 명도 함께 십자가에 달려 있었습니다. 십자가는 교수형, 총살형처럼 그 당시의 형벌방법이었습니다. 이 강도는 사람을 많이 죽인 우리나라 지존파보다 더 악한 살인자였습니다. 함께 사형을 받지만 예수님은 죄가 없이 처형당하지만 이 두 사람은 죄가 많았습니다.

한 강도가 "예수! 너 하나님의 아들이라 했지? 신이라 했지? 네가 하나님의 아들이고 신이라면서 왜 죽느냐"고 하며 욕을 합니다. "진짜 신의 아들이라면 십자가에서 내려와 너도 살고 나도 살려 봐. 그럼 내가 하나님의 아들이며 신인 것을 믿어줄게." 이렇게 놀립니다. "너 능력 있잖아. 기적도 행하잖아. 앉은뱅이도 일으키고 죽은 자도 살리고 기적을 많이 행하던데 왜 정작 너 자신을 위해서는 기적을 안 행하느냐. 나는 어쩔 수 없이 죽지만 너는 능력과 기적을 행할 수 있잖아."하며 두 강도가 예수님을 계속 욕을 합니다.

그런데 한 강도는 계속 욕을 하다 이상하다는 생각이 들었습니다.

첫 번째로 '난 사람을 많이 죽였으니 벌 받아도 당연하지만 예수는 죄 지은 게 하나도 없고 사람들에게 오히려 병 고쳐주고, 먹여주고, 죽었던 자를 살려주고, 착한 일 밖에 안 했잖아. 나는 죄를 지었으니 죽는 게 당연하지만 예수는 죄도 없는데 왜 죽지!' 이해가 안 되었습니다.

두 번째로 '난 죽음이 두려운데 예수는 죽음에 대한 두려움이 왜 없지!' 의

문이 되었던 것입니다. 예수님은 우리를 위해 죽으러 오셨기 때문에 그 길을 기꺼이 가고자 하셨기 때문에 죽음이 두렵지 않았던 것입니다.

세 번째로 난 무능해서 잡힌이상 도망갈 수도, 살아날 수도 없어서 죽지만 예수님은 능력이 있어 살아날 수도 있는데 왜 그냥 죽으려 하는지 도저히 이해가 되지 않았습니다.

네 번째로 자기에게 못 박고 때리는 병사들에게 욕을 하며 함부로 대하던 강도는 "아버지 하나님, 저들의 죄를 용서해주세요."라는 예수님의 기도 소리를 듣는 순간 완전히 마음이 녹아져 내렸던 것입니다. 하나님의 아들, 신의 아들이라는 생각이 들었습니다. 깊은 생각을 한 후 강도는 세 가지 고백을 합니다.

첫째, 하나님은 살아계시다.

누가복음 23:40

> 그 사람을 꾸짖어 이르되 네가 동일한 정죄를 받고서도 하나님을 두려워 하지 아니하느냐

같은 형제고 같은 죄를 짓고 같이 사형 받고 죽는데 마지막 죽음 직전에서 천국과 지옥으로 갈립니다. 한 강도가 하나님을 두려워하고 하나님의 존재를 믿게 되었습니다. 사람을 죽이고 강도였을 때는 하나님을 두려워하지 않다가 죽음 직전에 하나님이 두려워진 것입니다. 하나님이 살아계심을 깨닫고 고백하는 것입니다.

둘째, 예수는 죄가 없으며 자신이 죄인임을 고백합니다.

누가복음 23:41

우리는 우리의 행한 일에 상당한 보응을 받는 것이니 이에 당연하거니와 이 사람의 행한 것은 옳지 않은 것이 없느니라

셋째, 천국이 있음을 고백하며 구원을 요청합니다.

누가복음 23:42

가로되 예수여 당신의 나라에 임하실 때에 나를 기억하소서 하니

이 강도는 천국이 있음을 시인하고 구원을 요청하고 있습니다.

어떤 사람이 누군가를 못살게 굴고 함부로 대했습니다. 그러다 그 시달림을 받던 사람이 부자가 되고 못되게 굴던 자신은 형편이 너무 어려워졌습니다. 그동안에 자신의 행동이 미안해 "나를 조금 생각해주소."라고 말합니다. 이처럼 방금까지 예수님을 욕을 했지만 알고 보니 하나님의 아들이고 신이신 예수님께 천국 갈 때 "나도 구원해주세요."라고 말하지 못하고 "천국 갈 때 나 같은 인간도 조금 생각해 달라"고 하는 것입니다. 이것이 천국이 있는 것을 믿고 구원을 요청하는 것입니다. 강도는 예수님은 죄가 없으신 것과 천국의 존재를 믿고 구원을 요청하는 네 마디를 입으로 시인했습니다.

첫째, 나는 죄인이기 때문에 죽는데 예수님은 죄 없이 죽으신다. (하나님을 두려워함)
둘째, 나는 죽는 것을 두려워하는데 예수님은 두려움이 없으시다. (나는 죽을 죄인임을 인정함)

셋째, 나는 무능하지만 예수님은 능력이 있어도 죽음을 받아들인다. (천국, 구원을 요청함)

넷째, 예수님이 하나님의 아들이시며 신이심을 입으로 시인하고 고백한다. (구원, 천국을 소유함)

십자가에서 내려와 착한 일을 할 시간도 없었고 교회도 가지 못했습니다. 헌금을 했거나 기도를 했거나 전도하지 않았어도 이 네 마디에 구원에 이르렀습니다.

누가복음 23:43

> 예수께서 이르시되 내가 진실로 네게 이르노니 오늘 네가 나와 함께 낙원에 있으리라 하시니라

구원은 행위에 있지 않고 믿음으로 시인할 때 이루어집니다. 믿음의 고백을 하십시오.

6. 구원을 완성하기 위한 하나님과 예수님의 (희생)을 알아야 합니다

우리가 쉽게 구원받도록 예수님께서 대신 희생하셨습니다. 그러나 구원을 완성하기 위한 하나님과 예수님의 희생을 알아야 합니다.

- 예수님의 고통 : 육 - 손발에 대못 박힘, 머리에 가시면류관 쓰심, 옆구리를 창에 찔림
  → 물과 피를 다 쏟으심, 채찍에 맞으심, → 살이 찢기고 떨어져 나감
  정 - 다 배신, 도망(병 고침 받은 자, 12제자). 사랑했던 모든 사람들로부

터 버림받음

영 – 하나님으로부터 버림받음 → "엘리 엘리 라마 사박다니" → 하나님의
침묵

　　└, 예수님이 평생 유일하게 하나님을 아버지라 부르지 않고 하나님이
　　　라고 부르고 외침

　　└, 지금 이 순간만큼 하나님은 예수님을 버리셨다는 것을 아심

- 하나님의 고통 : 죽어가는 아들을 바라보는 아버지의 고통 → 자식의 아픔을 지켜보는 부
　모가 더 아픔
- 어느 장로님의 실화 : 느즈막이 낳은 독자 → 애지중지, 공부를 잘함 → 서울대 법대 합격,
　큰 잔치, 아버지와 동네 자랑거리 → 어느 날 등록금 가지러 오지 않는 아들 찾아갔더니
　연탄 가스에 질식사 → 하나님께 원망, 불평 → 하나님의 음성 : 예수를 죽일 때 하나님의
　고통, 아픔을 아느냐? → 하나님의 마음을 알고 죽은 아들 내려놓고 오히려 감사기도

▶▶▶　질문) 예수님과 하나님 마음중 누구의 마음이 더 아팠을까? → 죽어가는 아들을 바라
　　　보는 하나님의 마음이 더 아픔

히브리서 2:3

우리가 이같이 큰 구원을 등한히 여기면 어찌 그 보응을 하리요 이 구원
은 처음에 주로 말씀하신 바요 들은 자들이 우리에게 확증한 바니 하나
님도 표적들과 기사들과 여러 가지 능력과 및 자기의 뜻을 따라 성령이
나누어 주신 것으로써 그들과 함께 증언하셨느니라

첫째, 예수님은 육체적으로 고통당하셨습니다. 손과 발에 못이 박히고 머
리에 가시 면류관을 쓰시고 꾹 눌려 피가 흘렀습니다. 옆구리는 칼과 창으
로 찔려 구멍이 나고 물과 피를 한 방울도 남김없이 다 쏟으셨습니다. 예
수님을 때렸던 채찍은 일곱 가닥 칼로 갈라져 있어 살점이 떨어져나가 피
를 흘리게 했습니다.

예수님의 고난에 대해 묵상하며 설교 준비를 하는데 2,000여 년 전의 예수
님의 거칠고 숨찬 그 소리가 내 귀에 열 번쯤 들려왔습니다. 내 죄 때문에

내 죄를 용서하시기 위해서 "헉헉"거리시며 거친 숨소리로 고통당하는 예수님 때문에 얼마나 울었는지 모릅니다. 채찍에 맞아 쓰러지시고 또 채찍을 맞으시며 십자가를 지시고 갈보리 언덕길을 올라가시는 예수님의 고통의 소리가 마음을 파고 들어와 볼펜을 놓고 땅바닥에 두 무릎을 꿇고 기도하며 혼자 울다 감당을 못해 방으로 들어가 빨래를 개고 있던 아내와 함께 얼마나 울었는지 모릅니다.

둘째, 사람들로부터 배신을 당하셨습니다. 예수님이 붙들리자 사람들은 두려워하며 예수님께 병 고침 받은 수많은 사람들, 심지어 열두 제자까지 배신하고 도망을 가버렸습니다. 사람이 인생을 살다보면 몸이 아파서도 힘이 들겠지만 나를 신뢰하던 사람이 나를 배신할 때 더 충격이 되는 경험이 있을 것입니다. 예수님은 십자가에서 육체의 고통뿐만 아니라 마음의 상처까지도 감당하셔야만 했습니다.

셋째, 예수님의 가장 큰 고통은 영적인 것이었습니다. 하나님 아버지께 버림받으신 것입니다. 육체가 찢기고 마음이 외롭고 괴로울 때 하나님 아버지께 조차 버림받고 혼자 남게 되었던 것입니다.

예수님이 십자가에서 외쳤던 "엘리 엘리 라마 사박다니… 나의 하나님 나의 하나님 어찌하여 나를 버리셨습니까."는 평소처럼 하늘에 계신 우리 아버지를 부른 것이 아니라 하나님을 부른 것입니다. 왜냐면 아들이 이렇게 잔인하게 죽어 가는데 아버지가 거들떠보지도 않기 때문에 예수님의 입장에서는 아버지가 아들을 버린 것입니다. 다시 말하면 아버지로서 나를 대하는 것이 아니고 하나님으로서 대하는 것이고 사적으로 대하는 것이 아니라 공적으로 대하는 것이었습니다. 세상에 어떤 아버지가 살려줄 수 있는 능력이 있으면서도 자신의 아들이 고통받으며 죽도록 내버려 두겠습니까? 예수님은 아버지로 가까이 느끼는 것이 아니고 하나님으로 느끼는 것입니다. 이 순간만큼은 하나님 아버지가 우리의 죄를 용서받게 하시기 위해 예수를 희생의 제물로 삼으셔야만 했던 것입니다. 예수님은 몸도 마음도 아프셨겠지만 가장 힘들었던 것은 영적인 것이었습니다.

어떤 목사 딸이 죽었습니다. 발인 예배를 마치고 관이 나가는데 목사체면도 없이 관에 올라타며 울고불고 난리가 나 1시간이나 지연되었습니다. 그도 그럴 것이 중학교 3학년 딸이 죽었던 것입니다. "이놈아 나와라. 아버지가 들어갈게 나와. 네가 왜 아버지보다 빨리가니…" 가슴을 치며 애통해합니다.

전라도에 사시는 어떤 장로님의 간증입니다. 3대 독자라 자손이 귀한데 이 장로님에게 아이가 안 생깁니다. "교회를 다니고 장로며 새벽기도를 그렇게 열심히 다녀도 애 하나 못 낳느냐"는 사람들의 비난을 받았지만 장로님은 하나님께 믿음으로 간절히 기도하던 중 나이는 조금 들었지만 하나님이 아이를 낳게 하셨습니다. 경사가 났으니 동네 사람들을 다 불러 잔치를 했습니다.
아이는 잘 자라고 공부도 얼마나 잘했는지 군내에서는 최초로 서울대 법대를 갔습니다. 그래서 군수까지 찾아와 잔치를 벌이었는데 대학교 1학년 때 등록금을 가지러 오기로 했지만 아무리 기다려도 오지 않아 장로님이 서울로 올라가 봤더니 자취방에서 연탄가스에 질식해서 죽은 지 보름이나 지났던 것입니다.
장로님은 오열을 하며 "하나님! 내 아들 살려내요. 왜 죽게 했어요. 이렇게 죽이려면 왜 아들을 내게 보내셨어요. '예수 잘 믿어서 아들 낳고 서울대 보냈다'고 사람들이 칭찬하며 '우리도 예수 잘 믿어야지' 했는데 아들이 죽었다 하면 어떻게 내가 시골을 갑니까."하며 울부짖는데 하나님의 음성이 들려왔습니다.

"내 아들 예수가 죽을 때 내 마음이 얼마나 괴롭고 아팠는지 그 고통을 생각해 본 적이 있느냐?"
십자가를 지신 예수님의 고통만 알았지 하나님의 고통을 장로라 하면서 단 한번이라도 생각해 보지 못했던 것입니다. 장로님은 아들 시체를 땅바닥에 내려놓고 하나님께 감사기도를 드렸습니다.

"죄송합니다. 하나님! 내 독자 아들이 죽는 고통을 맛보지 않았다면 하나님의 아들 독자 예수님의 죽음으로 하나님의 가슴이 멍들고 찢겨 통곡하며 오열했는지 전혀 알지 못했을 것입니다. 내 아들 독자의 죽음의 고통을 통해 하나님이 얼마나 고통스럽고 힘들었는지를 알고 깨닫게 하시니 감사합니다."

우리는 쉽게 시인하며 구원받았지만 그렇게 쉽게 구원받도록 예수님이 고통을 당했고 하나님이 고통을 당했던 것입니다. 모든 사람이 쉽게 구원받을 수 있는 방법을 위해서 하나님은 엄청난 고통을 당하셨던 것입니다.

7. 사람들이 지옥에 가는 이유는 무엇일까요?

(죄)를 지어서가 아니라 하나님과 예수님의 사랑을 (받아)들이지 않고 (외면)하기 때문입니다.

요한계시록 3:20

볼찌어다 내가 문 밖에 서서 두드리노니 누구든지 내 음성을 듣고 문을 열면 내가 그에게로 들어가 그와 더불어 먹고 그는 나와 더불어 먹으리라

죄 없는 자가 구원받는다면 이 세상 누구도 구원받을 자는 없습니다.

그림설명

비가 내릴 때 엎어져 있는 그릇에는 비가 고이지 않습니다. 비가 고이지 않는 책임은 비에 있지 않고 그릇에 있습니다.

천국에 가지 못하는 이유는 죄를 지어서가 아니라 하나님과 예수님의 사랑을 받아들이지 않고 외면하기 때문입니다. 그림에서 보듯이 비가 옵니다. 한 컵엔 물이 고였고 또 한 컵에는 물이 고이지 않았는데 그 이유는 그릇이 바로 있는가, 엎어져 있는가에 있습니다. 컵에 물이 고이지 않는 것은 엎어져 있기 때문입니다. 비는 골고루 왔습니다.

이와 같이 예수님의 보혈의 피도 공평하게 흐르고 있습니다. 예수님이 피흘려 죽으심으로 모든 인류의 죄를 공평하게 다 용서해주셨습니다. 용서는 여러분만의 것이 아니라 안 믿는 사람들 것도 됩니다. 그런데 마음의 문을 꽁꽁 닫고 있으니 예수님의 사랑이 들어갈 수 없는 것입니다. 엎어져 있는 컵에는 소낙비가 아니라 장대비가 쏟아져 내려도 물을 담을 수가 없습니다. 컵을 바르게 놓아야 물이 차고 넘치듯이 마음의 문을 열어야 예수

님에 보혈의 사랑비가 흘러 들어갑니다.

예수님은 지금도 여러분의 마음의 문 밖에 서서 문을 두드리고 계십니다. 인격을 가지신 하나님의 형상을 따라 사람은 지음을 받았기 때문에 사람들에게는 자유의지와 인격과 이성이 있어 스스로 마음의 문을 열어야 예수님을 마음에 모실 수 있습니다. 예수님은 문이 열릴 때까지 두드리고 계십니다. 귀신도 스스로 사람들 마음에 못 들어갑니다. 귀신이 들어오도록 내가 마음의 문을 열었기 때문에 들어갈 수 있는 것입니다.

지옥과 천국은 자신의 선택에 달려 있습니다. 우리가 마음 문을 연다는 것은 예수님을 진심으로 시인하고 영접하는 것입니다.

"문을 열면 내가 그에게로 들어가 그와 더불어 먹고 그는 나로 더불어 먹으리라"하신 말씀처럼 함께 더불어 먹고사는 가족이 되는 것입니다. 우리의 마음속에 예수님을 모셔 들이면 하나님의 자녀로 삼아 주십니다.

8. 초청 질문

1) 당신은 지옥으로 갈 수밖에 없는 죄인인 것을 인정하십니까? (예)

2) 당신의 모든 죄를 용서해 주신 예수님을 믿고 천국에 가기를 원하십니까? (예)

예수님이 능력이 없고 무능해서, 십자가에서 내려올 힘이 없어서 죽으신 것이 아닙니다. 예수님은 한마디만 하시면 내려오실 수 있었던 분이셨습니다. 그러나 우리를 사랑해서, 우리를 살리기 위해서, 우리를 구원하시려고 죽으셨습니다.

"우리는 다 양 같아서 그릇 행하여 각기 제 길로 갔거늘 여호와께서는 우리 무리의 죄악을 그에게 담당시키셨도다"라고 (이사야 53장 6절) 말씀하셨습니다. 이 말씀은 죄는 사람이 짓고 벌은 예수님이 대신 받았다는 말씀입니다. 예수님은 내 죄 때문에 내 대신 죽으신 분이십니다.

9. 영접 기도

1) 영접 기도하기 전 준비

지금 이시간 예수님을 시인하고 영접하는 시간을 갖겠습니다. (어떤 자세가 되도록 예수님을 영접하는 것이 좋겠습니까?)

만약 오늘 밤에 대통령이 여러분의 집을 방문한다고 한다면 아마 청소를 하고 예쁜 옷으로 갈아입고 음식 준비를 하여 맞이할 것입니다. 지금 이 시간에는 대통령보다 더 위대하신 만왕의 왕이 되시는 예수님을 영접하는 것입니다. 여러분이 태어나면서부터의 죄와 태어나서 죽을 때까지 알고 지은 죄, 모르고 지은 죄, 그 모든 죄를 대신 용서하기 위해 비참하게, 잔인하게, 끔찍하게 죽으신 예수님을 마음에 영접하고 시인하는 시간입니다.

2) 영접 기도할 때의 자세

어떤 자세로 어떤 마음으로 하면 좋을까요? 무릎을 꿇고 하나님의 말씀인 성경에 손을 얹고 기도합시다.

3) 영접 기도하기 전 멘트

이사야 53:6

우리는 다 양 같아서 그릇 행하여 각기 제 길로 갔거늘 여호와께서는 우리 무리의 죄악을 그에게 담당시키셨도다

이 말씀은 죄는 내가 지었는데 벌은 그가 대신 받았다는 말씀이고 내가 죄를 지어 내가 죽어야 하는데 나는 살고 그가 죽으셨다는 말씀입니다.
나 대신 죽으신 분이 있습니다. 나 때문에, 내 죄 때문에 죽으신 분이 있습니다. 그분이 바로 예수 그리스도이십니다.

어떤 대학생이 물놀이를 갔다가 꼬마가 물에 빠져 죽어가는 것을 보고 용감하게 뛰어 내렸습니다. 그런데 꼬마는 살아났지만 이 대학생은 쥐가 나서 그만 물에 빠져 죽고 말았습니다.
대학생의 장례식에 살아난 꼬마와 어머니가 조문해주길 바란다고 매스컴에 광고했지만 장례식이 끝날 때까지 꼬마와 어머니는 장례식에 나타나지 않았습니다. 언론에서는 '배은망덕하다, 은혜를 모른다, 짐승만도 못하다'고 비난했습니다. 자기 아이를 살리기 위해서 죽임을 당했는데 은혜를 모르는 짐승만도 못하고 배은망덕한 행동이었던 것입니다.

그런데 그 사람들보다 열 배, 백 배 더 나쁜 사람들이 있습니다. 하나님이 친히 이 땅에 오셨습니다. 그리고 십자가에서 아들로 오신 예수님이 우리의 죄를 용서하시기 위해 피 흘려 죽으셨음을 모르는 채 하는 사람들입니다. 이 사실을 모르는 채한다면 나도 은혜를 갚을 줄 모르는 그 모자와 별반 다르지 않습니다. 이제 예수님이 나를 위해 죽으신 사실을 알고 깨달았다면 예수님을 시인하고 영접하십시오.

4) 영접 기도

▶▶▶ 예수님을 시인하고 영접하는 시간을 갖겠습니다. 제가 한구절 시작하면 여러분은 따라서 시인하고 고백하면 됩니다. 그러나 저는 도와줄 뿐 여러분의 입으로 고백하셔야 합니다. 그러면 예수님이 여러분의 마음속에 오셔서 구원해주시겠다고 약속하셨던 말씀을 이루실 것입니다. 주님께 온 맘을 다해서 진실되고 솔직한 마음으로 천천히 따라하십시오.

예수님!
저는 죄인입니다.
많은 죄를 지었습니다.
천국도 지옥도 잘 몰랐습니다.
이제 말씀을 통하여 예수님께서 저를 위해 죽으시고 부활하신 것을 믿습니다.
알고보니 제가 예수님을 채찍질 했고, 제가 예수님을 못박고, 제가 예수님을 찔렀고, 제가 예수님을 죽였습니다.
제가 범인입니다.
예수님! 지금 제 마음속에 들어오셔서 저의 모든 죄를 다 용서하여 주옵소서.

지금까지는 제 마음대로 살았지만, 지금부터는 예수님이 주인이 되어 주시옵소서.

저를 지배해 주시고 다스려주십시오.

저를 구원해주십시오.

예수님의 이름으로 기도합니다. 아멘.

나 같은 죄인 살리신
찬송가 305장

나 같은 죄인 살리신 주 은혜 놀라워
잃었던 생명 찾았고 광명을 얻었네

큰 죄악에서 건지신 주 은혜 고마워
나 처음 믿은 그 시간 귀하고 귀하다

5) 축복 기도

하나님 아버지, 감사합니다.

길어야 백 년인 인생을 살다가 그 후의 세계를 알지 못하고 하마터면 큰일 날 뻔했는데 영원히 사는 천국에 들어갈 수 있는 자격과 확신을 갖게 해주셔서 감사합니다.

말씀을 통해서 믿음을 심어주셔서 감사합니다.

이제 예수님이 내 맘속에 계심도 알았고 믿음으로 의인되었음도 알았습니다.

오늘 죽어도 천국 갈 수 있다는 믿음도 갖게 하심을 감사합니다.

주님을 시인하고 영접한 사람의 이름을 생명책에 기록한다고 말씀하셨는데 내 이름이 생명책에 기록이 된 것을 생각할 때, 하나님 너무 감사합니다.

한 영혼이 천하보다 귀해 천국 잔치가 벌어진다 했는데 오늘도 "하늘나라 천국 잔치 벌여라" 천사들에게 명령하시는 그 하나님을 생각하니 감사합니다.

우리는 쉽게 이렇게 여기 앉아서 아무 위험도 없이 아무 고생도 없이 시인하고 영접함으로 구원을 받아 하나님 자녀가 되고 천국에 갈 자격을 얻었지만, 예수님과 하나님은 우리 대신 얼마나 고통당하시며 희생했는지 우리는 깨닫습니다.

육체를 입고 이 땅에 오셔서 견딜 수 없는 고통으로 "엘리 엘리 라마 사박다니" "나의 하나님, 나의 하나님 어찌하여 나를 버리셨나이까"라고 울부짖었던 주님의 찢기신 몸과 흘린 피를 잊지 않고 감사하며 보답할 수 있도록 하나님 도와주옵소서!

하나밖에 없는 독자 예수가 죽어야 죄인인 우리를 살릴 수 있기에 그 순간만큼은 독자 아들 예수보다 우리를 더 사랑해서 고개를 돌리고 외면하며 아들을 죽이신 그 하나님 아버지의 고통을 우리가 기억하게 하옵소서!

가슴이 갈기갈기 찢겨 절규하며 우셨던 그 하나님의 고통을 우리가 잊지 않게 하옵소서!

우리는 쉽게 구원받았지만 예수님과 하나님이 대신 고통당한 것을 기억하며 은혜를 보답하며 이 사실을 모르는 사람에게 전하며 사는 우리가 될 수 있도록 하나님 아버지 도와주시옵소서!

이제 자신 있게 하나님 아버지를 부르며 아버지의 자녀로서 축복을 누리며 살아가게 하옵소서!

말씀을 통해서 믿음의 확신을 심어준 주님을 찬양하며 예수님의 이름으로 간절히 기도합니다. 아멘.

과제

나의 간증문 작성하기 – 제6과정 나의 간증문에 기록합니다.

tip : 간증문 작성방법

1. 예수 믿기 전의 상태 (나는 예수 믿기 전에는 이러했었다.)

2. 예수님을 믿게 된 동기와 과정

3. 예수님에 대한 자신의 신앙 고백

4. 예수 믿고 내가 변화 된 것

• 참조–제6과정의 구원 간증문 작성방법

암/송/말/씀

요한복음 5:24

내가 진실로 진실로 너희에게 이르노니 내 말을 듣고 또 나 보내신
이를 믿는 자는 영생을 얻었고 심판에 이르지 아니하나니
사망에서 생명으로 옮겼느니라

간 증 문

백연경

◆ ◆ ◆

저는 어릴 때부터 교회를 다녔습니다. 엄마가 다니니 그냥 자연스레 따라 다녔던 것 같습니다. 어렸을 때는 믿음이 뭔지도 모르고 그냥 친구들과 노는 것이 좋았습니다. 중학교, 고등학교 때는 주일마다 교회를 나갔지만 비신자와 다를 게 없었습니다. 부끄럽게도 그냥 교회를 출석도장 찍듯이 시간만 때우다 집에 오는 교회생활이었습니다. 사실 주일마다 교회 가는 게 싫었습니다. 그러다 대학교를 다니면서 부모님과 떨어져 살면서 자연스레 교회를 가지 않게 되었고, 주말마다 친구들과 어울려 노는 게 너무 좋았습니다. 엄마에게는 교회를 다닌다고 거짓말을 했습니다. 해방감이라는 자유를 느끼며 세상에 취해 즐거워했습니다.

그러나 즐거운 듯, 행복한 듯 보였지만 늘 육체적으로나 심적으로 고통이 있었고 힘들지 않은 날이 없었습니다. 우울감이 주기적으로 찾아왔던 것입니다. 겉으로는 늘 웃고 다니니 내 마음을 알아주는 사람이 아무도 없었습니다. 사람이 주는 고통이, 그것도 가까이에 있는 사람들에게 받는 고통이 얼마나 컸는지 말로 다 하지 못할 정도였습니다. 믿지 않는 사람들은 잘만 사는데 믿음생활 잘하시는 엄마에게도 시련과 고통만 주시고, 나에게도 왜 자꾸 반복되는 아픔을 주는지 주님을 원망했습니다. 그렇게 불신과 원망은 커져만 갔습니다.

나이가 차서 결혼에 대해 얘기할 때 믿음 있는 사람과 결혼해야 한다는 엄마의 말씀도 너무너무 듣기 싫었고 교회에 나가면 너무 답답하고 평생 주일에 매여 살아야 한다는 부담감이 밀려와 더더욱 싫었습니다. 그렇게 시간이 지나 30대 중반이 되었습니다.

이전부터 엄마는 새대구교회와 목사님 얘기를 종종하셨었습니다. 엄마가 다니시는 교회에 몇 년 전 부흥집회로 목사님이 오셨고 그 집회를 통해 엄마는 불면증이 치료되는 경험과 사탄이 떠나는 경험을 하셨으며 변화된 아빠를 보면서 너무너무 좋아하셨었습니다. 그래서 새대구교회 홈페이지에도 한번 들어가 보기도 했었고 교회 위치도 알아놓고 했지만, 선뜻 혼자 가 볼 용기는 나지 않았었습니다. 그러던 찰나에 대구 오신 김에 엄마가 가보자며 제 손을 이끌어 그렇게 새대구교회에 처음 오게 되었습니다.

예배 후 카페에서 목사님을 뵈었는데 환희 웃는 인상이 너무 좋으셨습니다. 목사님이 엄마를 기억해 주셨고 아빠 얘기도 해주셨습니다. 감사한 마음이 들었습니다. 그리고 내 머리에 손을 얹어 안수기도를 해주셨습니다. 처음엔 조금 겁도 나고, 부끄럽기도 하고, 내 죄가 다 드러나는 것 같아 두려웠습니다. 그런데 목사님이 하신 첫 말씀에서 마음에 염려가 눈 녹듯 사라졌습니다.

"딸아. 내가 다 안다. 혼자서 얼마나 힘이 들었니. 왜 혼자 다 책임지려하느냐. 가까운 이들에게 상처도 많이 받았지? 내가 다 안다. 괜찮아."

다 안다고 말씀하신 그 순간. 나도 모르게 눈물이 펑펑 쏟아졌습니다. 어찌 내 맘을 이리도 잘 알고 계시지? 꼭 주님께서 내 맘을 다 알고 계시는 것 같이 느껴졌습니다. 성인이 되고 이리저리 방황하며 교회를 옮겨 다녔었지만 느낄 수 없었던 뭔가 다름이 있었습니다. 그래서 첫날 교회에 등록을 하고 엄마가 시골에 가시고 나서도 혼자 교회에 다니기 시작했습니다. 목사님과 1:1로 말씀도 나누고, 이제 겁이 나지 않고 좋았습니다.

그리고 '새 가족의 삶' 반에 등록을 했습니다. 오전 예배 후 '새 가족의 삶' 반에서 네 분과 첫 수업을 했습니다. 첫 수업을 하고 나서 이전에 친구들이 물어보면 교회를 다니고 있지는 않았지만 "나 기독교야!"라고 말했던 저 자신이 너무 부끄러웠습니다. 제대로 알고 있었던 것이 하나도 없었던 것입니다. 그냥 단순하게 교회 잘 다니면 천국 가는 줄 알고 있었습니다. 천국과 지옥, 죄인과 의인, 예수님의 피로 구원받은 우리, 그리고 아들을 내어주신 하나님의 마음까지, 그렇게 마지막 '새 가족의 삶' 반을 하고 눈물로 회개하며 예수님을 내 구주로 영접하게 되었습니다.

'새 가족의 삶'을 하면서 예수님과 함께 하는 삶이 얼마나 중요한지 깨달았고, 수료하고 난 후부터는 어렵게만 느껴졌던 말씀들이 귀에 들어오고 말씀들이 궁금해지기 시작했습니다. 우리 죄를 다 씻겨주시고 우리를 의인되게 해주시는 주님! 그분을 그냥 머리로만 알고 있었는데 마음으로 내 구주로 영접하게 되어 너무나 기뻤습니다. 그 이후로 주일을 지키게 되고 조금씩 내 삶이 변화되기 시작했습니다. 왜 기존에 믿음이 있던 분들도 새대구교회에 오게 되면 '새 가족의 삶' 반을 해야 한다고 하는지 그 이유를 알 것 같았습니다. 아직 '새 가족의 삶' 공부를 하지 못하신 분들이나 처음 나오신 분들은 꼭 '새 가족의 삶' 반을 하셨으면 좋겠습니다.

그 즈음에 성령부흥회가 있었습니다. 부흥회 첫째, 둘째 날은 찬양할 때나 말씀을 들을 때 눈물만 났습니다. 저는 아직 기도하는 게 서툴러서 그냥 기쁨 달라고 기도 드렸습니다. 현실적인 문제들로 겉으로는 늘 웃고는 있었지만 우는 날이 더 많았었습니다. 목사님이 안수기도를 해주실 때 나도 모르게 큰 소리로 울부짖고 있었습니다. 그리고 난 뒤 뭔가 마음이 시원해졌습니다. 그렇게 성령부흥회를 통해 우울하고 무거웠던 마음속에 있는 것들을 다 토해내고 감사하게도 방언의 은혜도 받았습니다. 살면서 느꼈던 기쁨과는 또 다른 벅찬 기쁨이었습니다.

예배를 드릴 때에도, 말씀들을 때에도, 찬양드릴 때에도 나도 모르게 "너무 좋다, 너무 좋다. 감사합니다."를 외쳤습니다. 그렇게 싫었던 주일이 기다려지고 말씀을 듣기를 기대하는 내 자신이 신기했습니다. 조금씩 마음으로 주님이 느껴졌습니다. 사소한 것 하나하나에도 응답주시고 부흥회나 수련회 행사를 섬길 때에도 걸림돌 없이 온전하게 드릴 수 있게 해주셨고 집중하게 해주셨습니다.

설교 시간에 목사님이 기도하는 자의 자녀는 망하지 않는다고 하셨을 때 엄마 생각에 눈물이 왈칵 쏟아졌습니다. 나를 위해 밤낮 기도하셨을 엄마! 우리 가족을 위해 묵묵히 기도하셨을 엄마! 가족 구원을 위해 혼자 묵묵히 인내하셨을 엄마! 내 주위에 교회 다니는 사람은 없었지만 나에게는 늘 엄마가 계셨습니다. 주님께서 나를 버리시지 않으시려고 내 곁에 엄마를 보내주신 것 같습니다.
요즘은 엄마와 통화하면서 말씀을 나누면 "너가 은혜 받았구나. 참 좋다."고 말해 주시니 어린아이같이 기쁩니다. 억지로 애쓰지 않아도 내 안에 기쁨이 넘치고 엄마와의 관계도 더 돈독해지고 이제는 그렇게 가기 싫었던 주일이 기다려지고 말씀 듣는 것도 너무너무 좋습니다. 이제는 엄마를 위해서 가족을 위해 기도하기를 힘쓰겠다고 결단합니다.

주님을 원망하고 있을 때에도 주님은 나를 지켜보고 계셨고 늘 곁에 계셨습니다. 지나간 일들을 돌이켜 봤을 때 외면하신 듯하셨지만 예수님은 내 곁에서 도와주고 계셨습니다. 정말 죽고 싶을 만큼 힘들고 고통 받고 있었을 때에도 그 시간을 잘 이겨 낼 수 있는 힘을 주셨고 주님께서 엄마를 통해서 포기하지 않게 하셨음을 깨달았습니다. 너무 많은 것을 주면 영영 세상에 물들어 버렸을 저를 너무나 잘 알고 계셨습니다. 그냥 무심히 행해진 일인 듯하여도 이제는 다 주님께서 하신 일인 줄 알게 되었습니다.

주님을 내 주인으로 삼고 주의 뜻대로 살 것을 결단합니다. 그리고 제가 다시 믿음을 회복하고, 구원의 확신을 갖도록 도와주시고, 기도해 주시며 이끌어 주신 담임목사님께 감사드리며, 나를 구원하셔서 진정한 행복과 인생의 참된 목적을 찾게 해 주신 나의 주인 되신 예수님께 모든 영광과 감사를 올려드립니다.

네 하나님 여호와께서 네 모든 소출과 네 손으로 행한 모든 일에

복 주실 것이니 너는 온전히 즐거워할지니라

_신명기 16:15

● 제6과정 ●

구원의 목적을
확인하라

제6과정 구원의 목적을 확인하라

서론

1. 구원의 확증

2. 구원의 확신 점검

3. 육적인 아이와 영적인 아이의 정상적인 성장 방법

구원받은 사람의 할 일

구원 간증문 작성방법

나의 간증문

부록 – 간증문

전도는 연륜이 있어야 하는 것이 아니라 믿는 '즉시' 하는 것입니다.

"여자가 이르되 메시아 곧 그리스도라 하는 이가 오실 줄을 내가 아노니 그가 오시면 모든 것을 우리에게 알려 주시리이다 예수께서 이르시되 네게 말하는 내가 그라 하시니라" 말씀처럼, 사마리아 여인은 예수님께서 이렇게 말씀하시자마자 쏜살같이 사마리아 성에 들어가서 바로 전도를 시작했습니다. 이 여인은 예수님을 만난 후 어느 정도의 시간을 기다리지 않았습니다. 성경 지식도 부족했습니다. 하지만, 예수님께서 메시아라고 하시는 말씀을 듣는 순간 즉각적으로 사마리아 성으로 뛰어 들어가 사람들을 초청했습니다.

그런데 성도들이 머뭇거리고 망설이는 이유는 실력이 필요하다고, 시간이 필요하다고, 성경 지식을 많이 알아야 전도할 수 있다고 생각하기 때문입니다. 전도는 모든 생활이 변화된 후 하는 것이 아니라 있는 모습 그대로 하는 것입니다. 사마리아 여인은 성적으로 타락하였습니다. 남의 남자를 유혹하는 더러운 여자였습니다. 그런데 이 여인은 그러한 삶을 다 청산한 후에 사마리아 성으로 전도하러 간 것이 아니라 그 모습 그대로 전도하러 갔습니다. 이것을 깨달아야 합니다.

사람들은 "술과 담배를 끊은 후에 전도하겠습니다."라고 합니다. 수가성 여인을 생각해 보십시오. 삶이 부족해도 삶에 죄가 있을지라도 그 모습 그대로 먼저 전도해야 합니다.

전도는 차선적으로 행하는 것이 아니라 '최우선'으로 행해야 하는 것입니다.

여자가 물동이를 버려두고 동네로 들어가서 사람들에게 이르되 _요 4:28

어차피 이 여인이 가는 곳이 사마리아 성입니다. 그리고 성 안과 우물은 거리가 멉니다. 물동이에 물을 길어 집에 갖다 놓은 후에 사마리아 성 사람들에게 가서 예수님이 계시니 가보자고 초청할 수도 있었을 것이지만 이 여인은 그렇게 하지 않았습니다. 예수님을 만나자 마자 물동이를 버려 두고 '바로' 사람들에게 전도하러 갔습니다. 물동이에 물을 길어 집에 가져다 두는 일이 아무리 중요하다고 하더라도 차선적인 일입니다. 우선적인 일은 전도입니다.

만일, 이 여인이 물동이에 물을 담아서 집에 갖다 놓고 동네 사람들을 불러왔다고 가정해봅시다. 그럼 아마 예수님은 떠나 예수님을 못 만나는 불상사가 벌어졌을지도 모르는 것입니다. 이처럼 사단은 우리를 꾀여 고도의 수단으로 성도들로 하여금 전도하지 못하게 합니다. 주님은 이 여인을 통해 우선순위가 바로 서야 한다는 것을 보여주고 계십니다.

구원의 목적을 확인하라

구원의 목적을 공부하기 전에 구원을 확인해 봅시다. 구원받은 사람은 확인이 가능합니다.

1. 구원의 확증

로마서 10:9-10

> 네가 만일 네 입으로 예수를 주로 시인하며 또 하나님께서 그를 죽은 자 가운데서 살리신 것을 네 마음에 믿으면 구원을 받으리라 사람이 마음으로 믿어 의에 이르고 입으로 시인하여 구원에 이르느니라

"네가 만일" "네 입으로" "예수를 주로 시인하며" 말씀대로 시인했습니다. "또 하나님께서 그를 죽은 자 가운데서 살리신 것을 믿으면" 말씀대로 믿는다 시인했습니다. "그러면 구원을 받으리라" 말씀대로 구원을 받았습니다.

요한복음 5:24

내가 진실로 진실로 너희에게 이르노니 내 말을 듣고 또 나 보내신 이를 믿는 자는 영생을 얻었고 심판에 이르지 아니하나니 사망에서 생명으로 옮겼느니라

"내가 진실로 진실로 너희에게 이르노니"에서 "진실로"는 매우 중요해 두 번이나 반복되었습니다. "내 말을 듣고" "또 나를 보내신 이를 믿는 자는" "영생을 얻었고" 이렇게 예수님을 시인하고 영접한 자는 "영생을 얻을 것이다." 또는 "영생을 얻는다."가 아니라 이미 얻은 것입니다. 불과 몇 초 전에 무릎 꿇고 영접 기도를 할 때 벌써 구원받았고 영생을 얻은 것입니다. 그러므로 이제 심판에 이르지 않습니다. 사망에서 생명으로 옮겨 영원한 천국에 이르렀습니다.

2. 구원의 확신 점검

1) 이제 예수님은 어디에 계십니까? (마음속에)

요한계시록 3:20

볼지어다 내가 문 밖에 서서 두드리노니 누구든지 내 음성을 듣고 문을 열면 내가 그에게로 들어가 그와 더불어 먹고 그는 나와 더불어 먹으리라

예수님을 시인하고 영접하면 예수님께서 마음속에 들어 오신다고 하셨습니다. 약속대로 예수님께서 당신의 마음속에 들어와 계십니다.

2) 이제 당신은 죄인입니까? 의인입니까? (의인)

　죄를 지었고 앞으로도 죄를 지을 텐데 왜 의인입니까? (죄 사함 받았기 때문에)

갈라디아서 2:16

사람이 의롭게 되는 것은 율법의 행위로 말미암음이 아니요 오직 예수 그리스도를 믿음으로 말미암는 줄 알므로 우리도 그리스도 예수를 믿나니 이는 우리가 율법의 행위로써가 아니고 그리스도를 믿음으로써 의롭다 함을 얻으려 함이라 율법의 행위로써는 의롭다 함을 얻을 육체가 없느니라

예수님을 믿는 순간 모든 죄가 다 사해졌습니다. 그러므로 의인이 되었습니다.

3) 이제 당신은 하나님의 자녀입니까? 마귀의 자녀입니까? (하나님의 자녀)

요한복음 1:12

영접하는 자 곧 그 이름을 믿는 자들에게는 하나님의 자녀가 되는 권세를 주셨으니

예수님을 영접한 사람은 하나님의 자녀가 되는 신분이 주어집니다.

4) 만약 당신에게 갑자기 예상치 못한 죽음이 닥친다면 천국에 갈 확신이 있습니까? (예)

요한복음 5:24

> 내가 진실로 진실로 너희에게 이르노니 내 말을 듣고 또 나 보내신 이를 믿는 자는 영생을 얻었고 심판에 이르지 아니하나니 사망에서 생명으로 옮겼느니라

진실 되게 시인하고 영접하는 순간 영생을 얻었기 때문에 이 사람은 지금 당장 죽어도 천국에 갈 수 있습니다.

3. 육적인 아이와 영적인 아이의 정상적인 성장 방법

1) 육적인 아이의 정상적인 성장 방법은 무엇일까요?

육적인 아이가 태어나 출생신고하여 호적에 이름이 올라가 있어도 죽을 수도 있고 잘 자랄 수도 있고, 잘못 자랄 수도 있습니다. 육적으로 태어난 아이가 정상적으로 잘 자랄 수 있는 방법은 무엇일까요?

(1) 육적인 양식인 (젖)을 먹어야 합니다.

아이가 태어났어도 젖을 먹지 않으면 정상적으로 자랄 수 없습니다.

(2) 육체의 호흡인 (숨)을 쉬어야 합니다.

아이가 태어났어도 숨을 쉬지 않으면 생명을 잃어버립니다.

(3) 육적인 가족의 (보호)를 받아야 합니다.

아이가 태어났어도 부모, 형제의 보호를 받지 않으면 정상적으로 자랄 수 없습니다.

(4) 육체의 건강을 위해 (운동)을 해야 합니다.

아이가 태어났어도 운동을 하지 않으면 정상적으로 자랄 수 없습니다.

2) 영적인 아이의 정상적인 성장 방법은 무엇일까요?

고린도전서 3:1-2

형제들아 내가 신령한 자들을 대함과 같이 너희에게 말할 수 없어서 육신에 속한 자 곧 그리스도 안에서 어린아이들을 대함과 같이 하노라 내가 너희를 젖으로 먹이고 밥으로 아니하였노니 이는 너희가 감당하지 못하였음이거니와 지금도 못하리라

예수님을 믿음으로 영적인 아이가 태어나 영적인 호적인 생명책에 이름이 올라 있어도 죽을 수도 있고, 잘 자랄 수도 있고, 잘못 자랄 수도 있습니다. 영적으로 태어난 아이가 정상적으로 잘 자랄 수 있는 방법을 알아봅시다.

(1) 영적인 양식인 하나님의 (말씀)을 먹어야 합니다.

베드로전서 2:2

갓난 아기들 같이 순전하고 신령한 젖을 사모하라 이는 그로 말미암아 너희로 구원에 이르도록 자라게 하려 함이라

영적인 아이가 태어났어도 영적인 양식인 말씀을 먹지 않으면 정상적으로 자랄 수 없습니다.

(2) 영적인 호흡인 (기도)를 해야 합니다.

데살로니가전서 5:17

쉬지 말고 기도하라

영적인 아이가 태어났어도 영혼의 호흡인 기도를 하지 않으면 정상적으로 자랄 수 없습니다.

(3) 영적인 가족의 (보호)를 받아야 합니다.

사도행전 20:28

여러분은 자기를 위하여 또는 온 양 떼를 위하여 삼가라 성령이 그들 가운데 여러분을 감독자로 삼고 하나님이 자기 피로 사신 교회를 보살피게 하셨느니라

영적인 아이가 태어났어도 영적인 가족의 보호를 받지 않으면 정상적으로

자랄 수 없습니다.

(4) 영적인 운동인 (전도)를 해야 합니다.

마태복음 28:19-20

그러므로 너희는 가서 모든 민족을 제자로 삼아 아버지와 아들과 성령의 이름으로 침례를 베풀고 내가 너희에게 분부한 모든 것을 가르쳐 지키게 하라 볼지어다 내가 세상 끝날까지 너희와 항상 함께 있으리라 하시니라

영적인 아이가 태어났어도 영적인 운동인 전도를 하지 않으면 정상적으로 자랄 수 없습니다.

우선 영적인 양식인 말씀을 먹기 위해 말씀을 듣거나 읽어야 하며 영적인 호흡인 기도를 해야 합니다. 또한 목사님이나 사모님, 집사님 등 영적인 가족의 보호를 받아야 합니다. 어린아이가 자신의 일을 스스로 감당하여 잘할 수 있을 때까지 보호가 필요하듯 막 태어난 영적 어린아이인 새신자는 보호를 받아야 합니다. 그리고 영적인 운동도 열심히 해야 튼튼히 믿음이 자랄 수 있습니다. 이 운동은 전도입니다. 반드시 전도를 해야 합니다. 이 네 가지 모두를 잘해야 잘 자라 날 수 있습니다.

믿음의 성장과 교회생활을 잘하기 위해서 다음 단계의 양육훈련 반에 등록하십시오. 각부 모임(기관 모임. 목장 모임 등)에 참석하십시오. 그리고 자신에게 주신 달란트를 통해 사역을 시작하십시오.

• 구원받은 사람의 할 일

1. 수료식 참석하기

2. 다음과정 훈련받기

3. 목장모임 참석하기

4. 강사, 전도자, 목자 식사대접하기

5. 감사헌금 드리기

6. 은사 체크 후 팀사역 소속하여 봉사하기

7. 새 가족 반에 영혼 입학시키기

암/송/말/씀

마태복음 28:19-20

그러므로 너희는 가서 모든 민족을 제자로 삼아 아버지와 아들과 성령의
이름으로 침례를 베풀고 내가 너희에게 분부한 모든 것을 가르쳐 지키게 하라
볼지어다 내가 세상 끝날까지 너희와 항상 함께 있으리라 하시니라

구원 간증문 작성방법

●●● 성경 속의 간증에 대한 모범 답안으로는 사도행전 26장에 나타난 사도 바울의 간증을 예로 들 수 있습니다. 사도 바울은 구원받기 전의 자신의 모습과 구원받게 된 경위, 사건, 구원받은 후의 자신의 변화와 주님에 대한 신앙고백을 담고 있습니다. 사도 바울의 간증을 통하여 이 4가지 요소에 맞추어 간증을 기록하시기 바랍니다.

1. 예수님을 믿기 전의 삶과 상태
    1) 듣는 사람과 공통의 이해 바탕
        → 불신자들의 삶의 상황을 고려하여 공감대를 형성할 수 있도록 명료하면서도 극적으로 간증하라.
    2) 과거의 죄를 너무 상세하게 말하거나 자랑하듯 말하지 말라.
    3) 가정적 불교 배경이나 타 종교 배경을 말하라.
    4) 개인적으로 교회에 대해 부정적, 비판적, 공격적이었던 과거를 말하라.(교회를 떠난 것 등)

2. 예수님을 믿게 된 동기와 과정 & 첫사랑의 감격을 회복하게 된 동기와 과정
    1) 어떤 사건과 환경이 나를 예수 믿게 하였고, 첫 사랑의 감격을 회복하게 만들었는가?(긍정적인 면을 강조)
    2) 언제, 누구를 통해서, 어디서 주님을 만났고, 첫사랑이 회복되었는가?
        → 예수님을 만나게 된 과정에서 특별히 출석하는 교회를 통해서 영접을 했거나 복음의 감격을 회복한 내용을 추가한다.
    3) 현대인들이 알고 있는 공통분모의 단어를 사용한다.
        → 평안이 없었음, 늘 불안함, 굉장히 교만함, 공허함, 인생의 무의미

함, 공포, 두려움, 불안감, 질병, 부도, 부부관계, 시집 생활의 어려움, 외로움, 고독함, 영적인 답답함 등

3. 예수님에 대한 자신의 신앙고백
    1) 정확한 신앙고백(직접적인 고백)
    2) 영접 시 감동과 느낌(내·외적인 현상) → 기쁨, 눈물, 평안 등
    3) 나의 믿음을 고백할 수 있는 성경 한두 구절을 인용

4. 예수님을 만난 후의 영적인 변화와 삶의 변화
    1) 예수님께서 나를 내 삶 속에서 어떻게 변화시켰는지 말한다.
       → 그리스도께 집중하여 삶의 변화를 이야기하라. 가장 감동적인 변화와 사건, 기도응답, 내 안에 있는 평안과 기쁨, 행복감, 믿은 후의 변화, 구원의 확신을 중심으로 간증하라.
       (기도, 예배, 감정, 생활태도, 환경적, 가정적, 실제적인 삶의 변화 등)

5. '새 가족의 삶' 반에 대한 감동과 감격, 초청
    → '새 가족의 삶' 공부를 통해 경험한 간증(특별히 영접할 때의 감동과 감격)을 중심으로 최근 새 가족들을 '새 가족의 삶' 반 공부에 초청하라.

※ 간증은 5~7분 정도 간략하면서도 명확하게 준비하여 (A4용지 1면 반 정도 분량), 설교하듯이 하지 말고 솔직하게 자신의 삶을 이야기한다.

간 증 문

김휘민

♦♦♦

넉넉하진 않았지만 부족함 없는 가정에서, 제 노력으로 이루지 못할 것이 없다고 믿으며 자랐습니다. 원하던 직업을 가지게 되었고, 힘들 것 없는 생활을 하다가 문득 인생을 오롯이 나 스스로 책임지고 살아야 한다는 것이 무겁고 외롭게 다가와 2014년 우울증에 걸리게 되었습니다. 그만 인생을 끝내고 싶다고 되뇌었던 출퇴근길, 제발 깨어나지 않게 해 달라고 하면서 믿지도 않는 신에게 기도하며 누웠던 잠자리, 침대에 누운 채 눈물로 보내던 주말, 몇 번의 위험한 고비를 넘기며 일 년 반을 보낼 때쯤 직장동료에게 혹시 종교가 있느냐 묻게 되었고, 처음으로 복음을 전해 듣게 되었습니다. 내 마음에 문제가 왜 발생할 수밖에 없었는지를, 이 문제를 해결하기 위한 정답은 주 예수 그리스도 밖에 없음을 듣게 되면서 어두웠고 메말라 있던 마음에 한줄기 빛이 비취는 것 같았습니다. 그리고 복음을 들은 바로 그날 예수님을 나의 구원자, 나의 주인으로 영접하게 되었습니다.

불신자 가정에서 태어나 자란 터라 교회에 나가는 것이 여의치 않았습니다. 그러던 중 직장의 신우회에 나가게 되었고, 그곳에서 제 사정을 듣고 마음 아파하던 동료를 만나게 되었습니다. 본인은 모태신앙이지만 다른 교회를 다니다 새대구교회를 섬기고 나서 다시 예수님을 만나게 되었다고, 목사님을 뵙고 새대구교회의 '새 가족의 삶'을 시작해 보자고 했습니다.

처음으로 목사님을 뵙던 날을 잊을 수가 없습니다. 반야월성전 카페에서, 초여름날, 흰 와이셔츠를 입고, 아기처럼 활짝 웃으며 저를 반겨주시던 목사님의 얼굴을 보며 '아, 나와는 다른 세계에 있는 사람이구나' 라는 생각에 울컥하는 감정이 밀려왔습니다. 곧 이은 상담과 함께 목사님께서 안수기도를 해주시며 "딸아…" 하실 때 그저 서러워 참았던 울음을 터뜨렸습니다.

'새 가족의 삶' 반의 매 수업이 저에겐 단 꿀 같았습니다. 정신없이 바쁜 일정 중에도 일대일로 만나 '새 가족의 삶' 반을 진행해 주신 담임목사님과 부목사님의 정성으로 마지막 수업 시간에 예수님을 다시 한 번 뜨겁게 만났습니다. 사람의 모든 죄를 짊어지기 위해 십자가에 못 박히시며 숨이 끊어지는 고통을 감내하신 예수님과, 그런 당신의 아들을 바라볼 수밖에 없었던 하나님을 모르고 살았던 시간들이 죄송하고, 아무 쓸모없는 저에게 새 생명을 주시기 위해 저를 이 자리로, 이 교회로 불러주신 것이 너무 감사했습니다. 나는 배반하고 버려도 절대로 나를 버리지 않으실 하나님이 곁에 계심에 난생 처음으로 마음의 평안이 찾아왔고, 끝도 없는 눈물만 흘렸습니다.

빛을 모른 채 어둠에 붙잡혀 있는 우리 가족의 영혼이 너무 불쌍하고, 혼자서는 사랑하는 저의 가족을 전도하기가 너무 버겁기만 하고, 부모님을 이길 힘이 나에겐 없는 것 같아 주일예배 후 울고 있을 때 사모님께서 오셔서 "하나님께서 다 하신다, 전쟁은 하나님께 속한 것이다."라는 말씀으로 힘을 주시며, 제 곁을 지켜주셨습니다. 목사님께서 지속적인 상담으로 함께 이겨보자고 힘을 주셨고, 교회에 많은 지체들의 중보기도 덕분에 하나님의 은혜를 넘치게 받았으며 부모님께로부터 주일예배를 드릴 수 있는 허락을 얻었습니다.

또한 엄마가 '하나님을 믿으니까 좋아? 든든한 느낌이야?" 하는 말을 자연스럽게 하시도록 만들어 주셨으며, 타 지역에서 직장을 다니던 동생을 대구의 직장에 다니게 하셔 전도의 기쁨을 맞볼 수 있게 하셨습니다.

지나고 나서 보니 하나님께서는 저의 기도에 모두 응답해 주셨습니다. 주일 예배를 드릴 수 있게 해 주셨고, 작년의 두 가지 소원이었던 크리스마스 예배와 송구영신 예배를 드릴 수 있게 해 주셨습니다. 놀랍도록 빨리 우리 가족의 흑암을 꺾어주셨습니다.

제가 가지고 있던 마음의 문제와 영적인 문제도 하나님께서 모두 해결해 주셨습니다. 빌립보서 4장 6절 "아무것도 염려하지 말고 다만 모든 일에 기도와 간구로 너희 구할 것을 감사함으로 하나님께 아뢰라. 그리하면 모든 지각에 뛰어난 하나님의 평강이 그리스도 예수 안에서 너희 마음과 생각을 지키시리라"고 하신 말씀을 붙잡으면 사도행전 16장 31절 "이르되 주 예수를 믿으라 그리하면 너와 네 집이 구원을 받으리라"의 말씀이 성취될 것임을 믿습니다.

어렵고 힘들어도 생명을 걸고 달려가시는 목사님과 사모님을 비롯하여 묵묵히 맡은 사역을 감당하시는 사역자분들, 중보로 함께 기도해 주는 목장식구들과 여러 동역자들의 정성과 기도 덕분에 저는 제대로 된 믿음의 첫 뿌리를 내리게 되었습니다.

오늘 교회에 첫발을 내딛은 새 가족 분들에게 드리고 싶은 말씀이 있습니다. 교회 문화가 어색할 수도, 축복한다는 말이 불편하게 느껴질 수도, 일요일에 교회를 나가야 한다는 사실에 시간을 뺏기는 듯 아쉬울 수 있겠지만 우리들을 빛으로 이 자리에 부르신 하나님을 향해 마음을 편히 열고 '새 가족의 삶' 반을 꼭 공부해보시고 저처럼 예수님을 만나는 경험을 하시게 되길 진정 바랍니다.

하나님께 감사드리며 모든 영광을 올려드립니다.